# 日本史のツボ

本郷和人

JN192858

文春新書

1153

日本史のツボ

# 目次

## 第一回　天皇を知れば日本史がわかる

# 第二回　宗教を知れば日本史がわかる

# 第一回　天皇を知れば日本史がわかる

## 日本通史を七大テーマで

日本の歴史を、時代ごとに細切れにするのではなく、通しで考えてみたい。そう考えてはみても、社会のあらゆる領域をいっぺんに論じるのは事実上、無理な話です。

ではひとつのテーマを軸に、古代から近世、頑張って近代まで見通すことはできないか。そこで七つのテーマを選び、歴史の大きな流れを論じてみたいと思います。そのテーマは、天皇、宗教、土地、軍事、地域、女性、そして経済。

この七つのテーマは互いに深く関連し合っています。たとえば天皇という存在がなぜ鎌倉から江戸まで六百五十年を超える武家政権の下で続いてきたのかを考えると、土地制度のあり方にいきあたります。また日本史を軍事で捉えようとすると、当然、各地域ごとの地理や発展を見なくてはなりません。したがって、重要なポイントとなる事件や人物が、テーマごとに異なる視点、異なる切り口で登場します。それによって、歴史の奥行き、単なる年表上の出来事ではなく、立体的な存在感を感じてもらえたら――。そんなことを考えています。

そこで第一回に選んだテーマは「天皇」です。「万世一系」という言葉の通り、日本という国が自分の歴史を認識するようになってから、天皇は途絶えることなく存在してきました。その一方、天皇のあり方、その位置づけは時代によって大きく変わっていきます。その変化はなぜ、いかにして起きたのかを論じることで、日本の歴史の流れがみえてくる。まさに第一回にふさわしいテーマといえるでしょう。

## 「王」としての天皇

では天皇とはもともといかなる存在だったのか？　この問いには、時代によって、また論じる人の見方や立場によって様々な答えがあります。天皇自ら政治を司った時代もあれば、現人神《あらひとがみ》とも称されて宗教的権威が強調された時期もある。政治権力とは切り離された文化的な象徴こそ本来の天皇の姿だとする立場もあるでしょう。

歴史学の立場から答えるとするならば、その本来のあり方は、早ければ三世紀ごろ現在の奈良県に出現し、周辺地域を支配していたヤマト王権の王であったことにあると考えます。

**天皇系図①**

神武1—綏靖2—安寧3—懿徳4—孝昭5—孝安6—孝霊7—孝元8—開化9—崇神10—垂仁11—景行12—日本武尊—仲哀14—応神15
（景行12—成務13）

世界史的に見たとき、「王」には共通して担っていた役割があります。民から税を徴収し、大規模な治水事業を行うこと、法律を定めること、兵馬を率いて、戦争を指揮すること、神の言葉を民に伝え、神に五穀豊穣を祈ること、暦を定めること、宮廷において芸術や文化を育むこと……。天皇も地域の「王」として、かつてはこれらの役割を一手に担っていたと考えるのが自然です。

しかし、天皇が持っていたそれらの力は、時代を経るにつれ、他の勢力に次第に奪われ、その役割は限定されたものになっていきます。今日、私たちが天皇について抱く「日本の安寧《あんねい》を祈る神官」「雅《みやび》な宮廷文化の主宰者」というイメージは、もともとの天皇の本質というよりも、「王」としての権力を大幅に削がれた天皇家が、残された役割を洗練させたことによって形成されたと考えるべきです。

## 「日本」ブランドの創生

天皇が「王」であった時代。ヤマト王権は天皇家を長とする諸豪族の連合体でした。なぜ、天皇家は諸豪族を束ねることができたのでしょうか。

稲作を日本に伝えた、仏教など進んだ外来文化の受容に積極的だった、など様々な説が唱えられていますが、正直なところ、私にはどれが正しいのか、わかりません。しかし、確実に言えるのは、天皇家は地域の王から出発して、中国大陸から押し寄せる外来文化を積極的に採り入れながら、その文化に独自の改変を加えることで、大陸文化とは異なる「日本文化」を作り上げることに寄与したということです。また、それをうまく行うことで、他豪族への優越を保つことができたのでしょう。

そのような機能を確立するのに重要な役割を果たしたと考えられるのは、天智天皇（生没年六二六―六七一、以下同）、天武天皇（不明―六八六）、持統天皇（六四五―七〇二）の三人の天皇でしょう。彼らが取り組んだのは、一言でいえば「日本」ブランドの創生でした。そして、それを促進したのは「外圧」だったのです。

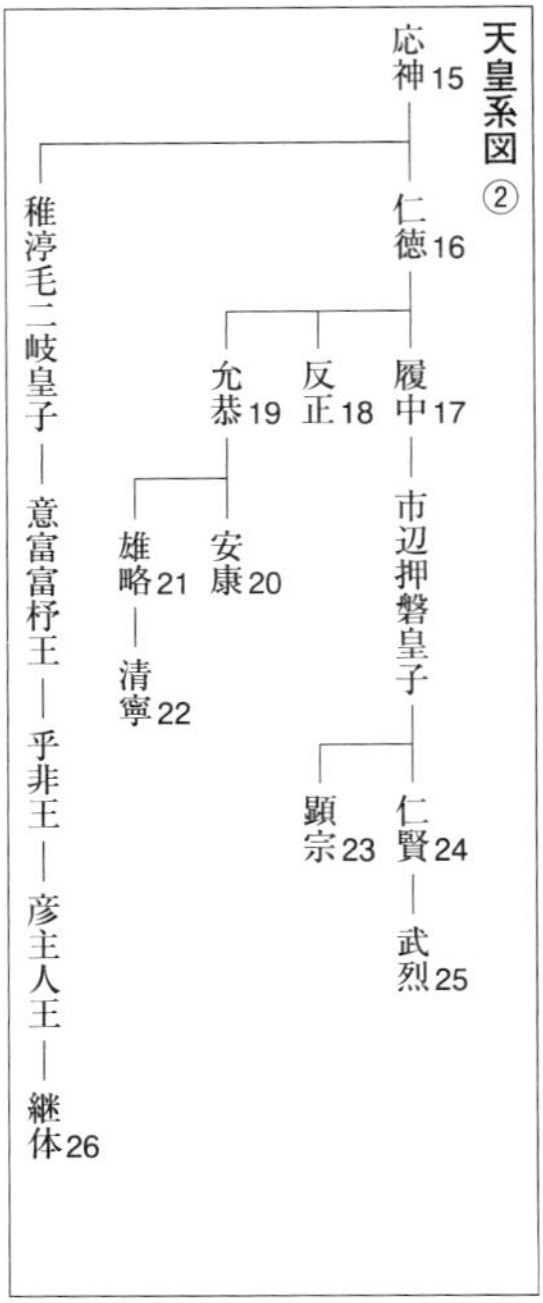


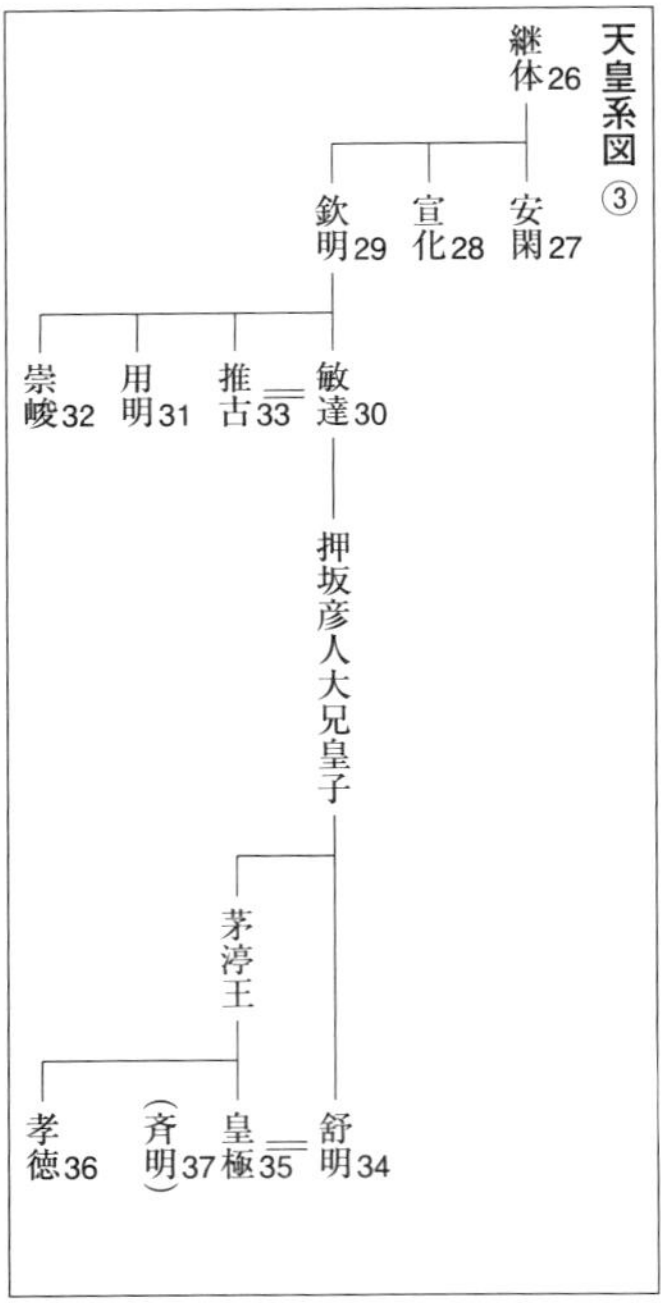


六六三年、ヤマト王権は、朝鮮半島で唐と新羅《しらぎ》の連合軍に攻め込まれていた百済《くだら》に支援軍を出し、大敗北を喫します。有名な白村江《はくそんこう》の戦いです。

この敗戦によって、ヤマト王権は朝鮮半島での権益を失ったばかりか、唐にいつ侵略されるかわからないという危機に直面しました。この国防上の脅威に備え、天智は飛鳥から近江に都を遷《うつ》し、内政改革や国防強化に着手します。

それだけではありません。おそらくヤマト王権は白村江の敗戦によって、自分たちは何者なのか、というアイデンティティ・クライシスに陥ったと考えられます。なぜなら、天智、天武、持統といった天皇は、その後、相次いで独自のアイデンティティの核となる「ヴィジョン」を打ち出していったからです。

そもそも「天皇」という呼称自体が、この時期に生まれました。それまでの「大王《おおきみ》」から名前を変更し、自分が中国や朝鮮とは異なる、独自の存在であることを強調したかったのだと考えられます。『古事記』（七一二年）や『日本書紀』（七二〇年）の編纂《へんさん》もこの時代に始まります。そこには、天皇家を神話と直結させることで、その権威を確立させるとい

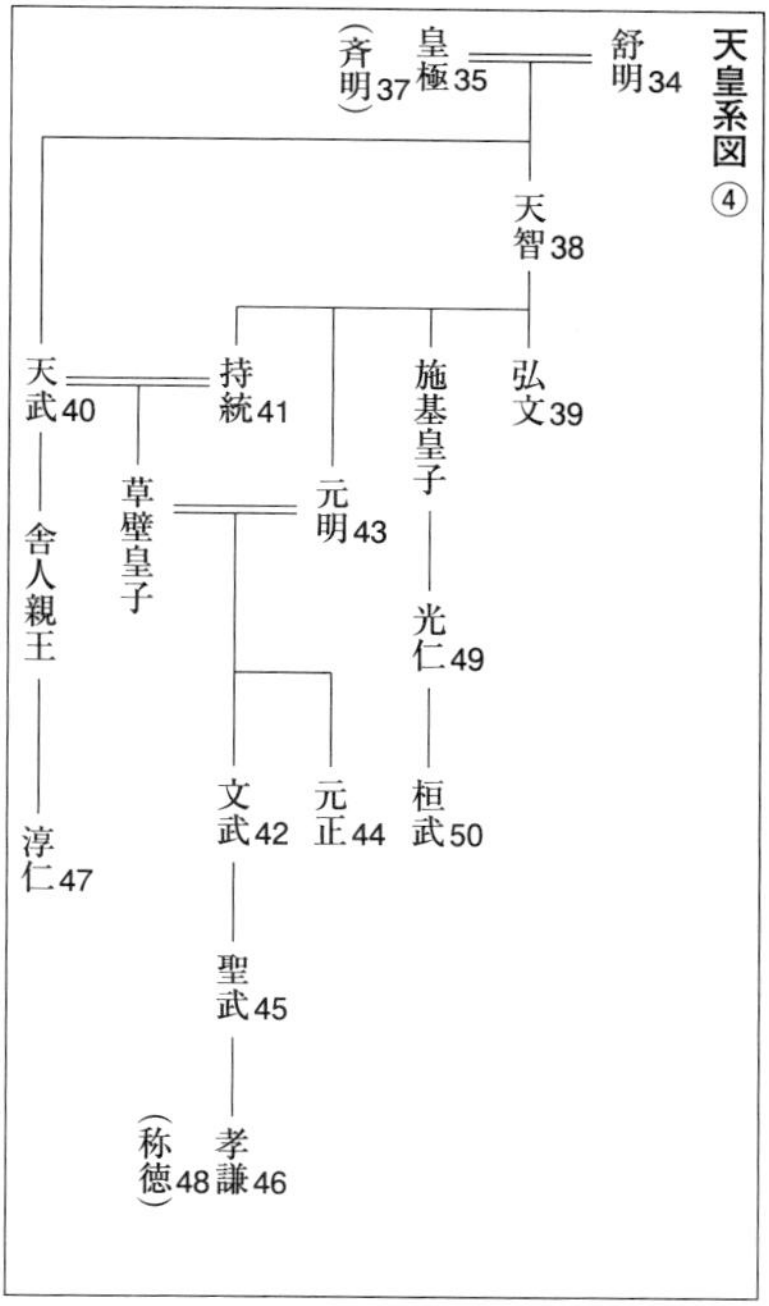

う意図がみてとれます。また今日、私たちが「日本的」だと考える文化の基本的なかたちも、この時代に生まれます。法隆寺や伊勢神宮がこの時期に作られるのもたまたまではないでしょう。外来の刺激を受けながら、日本独自のデザインを模索したと考えられます。

その一方で、天武、持統の代では、大陸の制度や文化を基調とした国家体制を整えようとします。敗戦により、敵国の先進性を痛感し、そのシステムを採り入れることで、自国の強化を図ったという点では、明治維新や昭和の敗戦とも通じるものがあります。その最たるものが、律令制の導入でした。土地はすべて天皇のものとする公地公民制が敷かれ、七〇一年にまとまる「大宝律令」を整備するのです。

このように、天智、天武、持統の時代には、「外圧」の緊張感の下、率先して外来文化を採り入れ、それにアレンジを加えることで、積極的に「日本」独自の「国のかたち」や文化を作り、それを旗印にして、諸豪族を束ねていきました。同時にそれを行うことで、自分たちの家が他の諸豪族とは異なる特別な存在であることを示そうとしました。つまり、大陸に対して、そして国内の諸豪族に対して、二重の差異化を図っていたのです。

## ヤマト朝廷の「実像」

かくして東北から九州に至る日本列島を統一して支配するヤマト朝廷が成立した――と学校では教わったかもしれません。しかし私は、それはヤマト朝廷の実態とは異なる、イメージに過ぎないと考えています。ヤマト朝廷の支配が及んだ範囲は、畿内を中心として、おそらく東は越と呼ばれていた新潟県ぐらい、西は九州北部ぐらいまでに過ぎませんでした。彼らにとって、関東や東北、九州南部は「化外《けがい》の地」（中央の統治が及ばない未開の地）でした。

ヤマト朝廷にとって死活的に重要なのは、中国大陸、朝鮮半島の情勢でした。しかも、進んだ制度や文化、新しいモノや富はすべて西からやって来ます。東アジアから瀬戸内海を経て、今の大阪に至る交通路が国の大動脈であり、その回廊の東端の終点に京《みやこ》が位置する。これがヤマト朝廷が頭に描いていた地図だったはずです。

しかし、大陸からヤマト朝廷に至るルートは、唐からの軍事的侵攻が想定される道筋でもありました。となると、ヤマト朝廷の最重要課題は、大陸とのパイプを保ち、進んだ制度や文化を輸入するとともに、外交のチャンネルを持ち続け、来たるべき戦争に備えることだったはずです。

天皇家が押し進めた「律令制」は、実際にそれによる統治が行われたというよりも、あくまで西からの「外圧」に対抗して国の結束を固めるための「ヴィジョン」あるいは「努力目標」だったと思います。これは後に「土地」の項で詳しく述べますが、当時の資料や状況からみても、「公地公民制」が日本列島全域に及び、税金が全国から朝廷に納められていたとは考えにくいのです。

七五五年から七六三年まで続いた安史の乱で、唐が著しく国力を衰退させ、中国大陸は長い分裂と内乱の時期に入ります。「外圧」が弱まると、途端にヤマト朝廷は、「努力目標」を見失い、弛緩しはじめます。もともと無理な律令という建前を維持する必要もなくなり、「公地公民」の原則に反する私有地、すなわち荘園がどんどん増えていく。こうしてもともと建前だった「律令制」は崩壊していきました。

## 平安時代の天皇は外交を放棄した

「外圧」の消失は、平安時代の天皇のあり方にも影響を与えました。西からの脅威に対抗して、「ヴィジョン」を掲げ、自ら政務にあたる、勇ましい地域の「王」から、宮中に籠《こも》り、内向きな現状追認を志向する雅な王への変質です。この時期、天皇の政治的権力が摂関家にいとも簡単に奪われてしまったのも、外圧への緊張の喪失がその根本にあったと思われます。

八六六年、清和天皇を太政大臣の藤原良房が後見し、藤原氏による摂関政治の礎を築きます。そして、八九四年には遣唐使が廃止されます。この決定は、もう大陸に学ぶべきことはない、と日本が内向きになり、大陸の制度や文化を積極的に吸収する意欲を失ったことを示すとともに、大陸との戦争が起こるかもしれないという緊張を抱えながら外交関係を維持する努力をやめてしまったことを意味しています。つまり、外圧の消滅は、外交の放棄につながったのです。

この後、日本は二百年以上続く平和な時代に入り、その間に天皇と朝廷は和歌や物語文学に代表される国風文化を高度に洗練させていきます。私たちが天皇に対して抱く、柔和で平和を好み、宮中に籠って和歌を詠み、学問に励むイメージは、この時期をモデルに形成されたものでしょう。しかし、それは摂関家に政治的な権力を奪われ、外交と防衛という、ときに武力の行使を伴う国家の重要な仕事を放棄した天皇の姿でもあったのです。

## 系図のタテとヨコ

この変化は、天皇の系図からもうかがえます。

天皇が王らしい王として政治の実権を握っていた時代、たとえば、第二十六代継体から第三十六代孝徳までの時代や第三十四代舒明《じょめい》から第四十八代の称徳までの時代は、皇統継承をめぐって、皇子たちがたびたび血腥《ちなまぐさ》い権力闘争を繰り返しました。殺し合いをしました。それは天皇になることが絶大な権力を握ることだったからです。

なかでも名高いのは壬申の乱（六七二年）でしょう。この戦いに勝利した大海人皇子《おおあまのおうじ》が天武天皇となり、一連の大改革を手がけます。逆に言えば、乙巳《いっし》の変（六四五年）に勝った天智、壬申の乱に勝った天武が強い力を誇ったのは、実力で天皇の座を手に入れたことも大きかったでしょう。

さて、そこで系図を見てみましょう。皇子たちが天皇の位をめぐって権力闘争に明け暮れた時期は、継承が安定せずに複数生じ、系図がヨコに拡がります（系図③④）。それに対して、天皇が権力を失い、天皇の位が闘争の対象にならなくなる戦国時代から江戸時代になると、皇統が乱れることもなく、系図はタテ一直線になります（系図⑧⑨）。親子によるタテの継承が続く時代は、天皇にとって平和な時代でもあるのです。

## 天皇家が経済力を保てた理由

平安時代に天皇は摂関家によって、政治的権力を奪われましたが、失われなかったのは経済力でした。それは国の土地はすべて天皇のものという律令制のタテマエがかろうじて守られていたからです。

なぜ、そのことが天皇と朝廷の経済力を支えたのかを理解するために、平安時代後期から室町時代までの土地の仕組みをおおまかに説明しておきましょう。くわしくは「土地」の項であらためて説明しますから、ご安心を。

平安時代に入ると、日本の土地の大半が、朝廷のものではなく、〝私有地〟である荘園になっていきます。朝廷の課す税金は、〝国有地〟から取る仕組みでしたから、天皇と朝廷の下に集まってくる税金は激減するはずです。しかし、そうはなりませんでした。

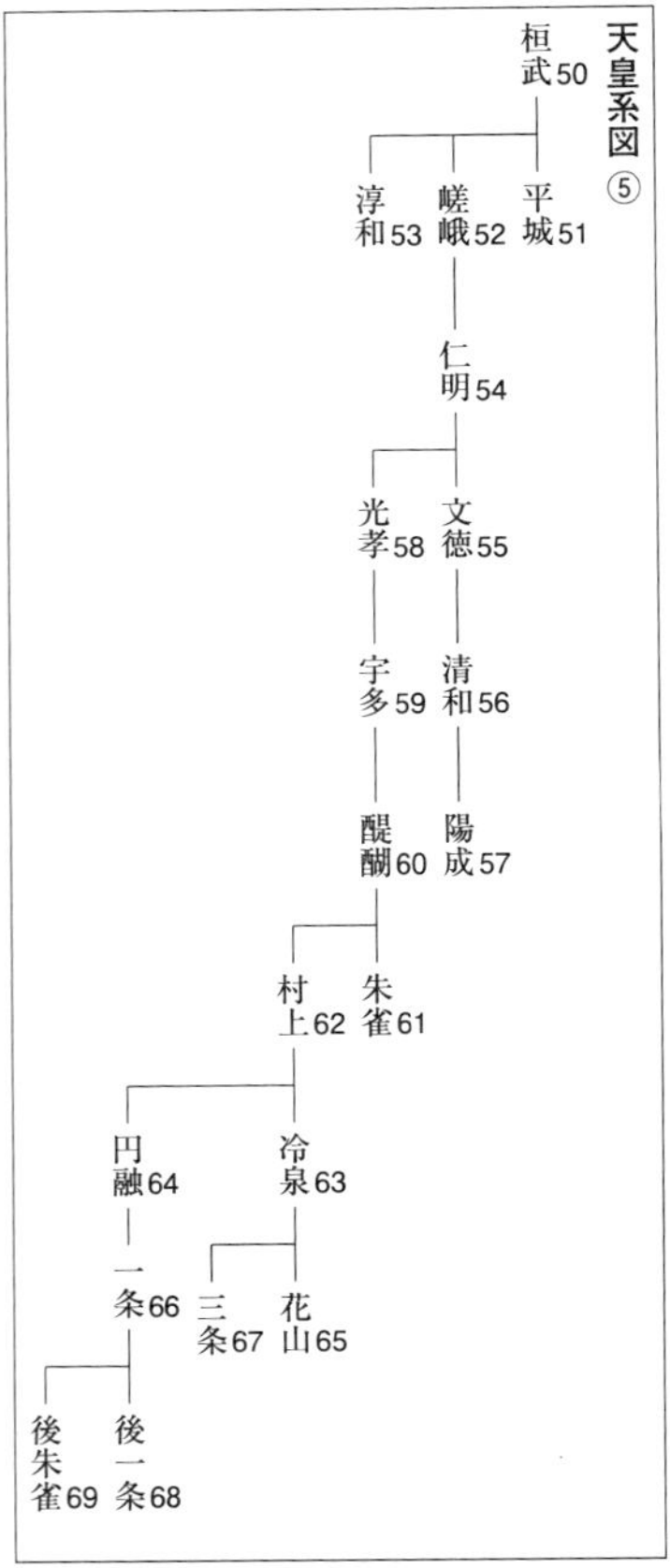


なぜなら、形骸《けいがい》化したとはいえ、公地公民の建前がある以上、荘園を開発し経営していても、その土地を完全に所有することはできなかったのです。原則としては、あくまでも一時、その土地を独占的に使用する権利が認められているだけで、いつ国＝国司に没収されるかわからない。そこで自分の経営する荘園の権利を奪われないために、皇族や摂関家などの有力貴族や大寺社に寄進して、庇護を仰ぐことになります。寄進された側には、庇護の見返りとして、荘園から上がる収益の一部が納められるのです。この庇護と寄進の関

係は何重にも重なり、ひとつの土地をめぐる権利は錯綜したものになります。このような土地の権利をめぐる仕組みを「職《しき》の体系」と呼びます。

もちろん寄進先は、身分や格が高ければ高いほど強力になります。では最強の寄進先はどこかといえば、天皇（および皇族）にほかなりません。「職の体系」の頂点にある天皇家は、寄進によって荘園からの莫大な収入を得ることになったのです。

## 院政は律令制の自己否定だった

平安後期になると、天皇はこの経済力を背景に、摂関家から政治的権力を奪い返そうとします。これが白河上皇（一〇五三―一一二九）から後白河上皇（一一二七―一一九二）までの間の院政でした。

しかし、私は院政は天皇家にとって両刃の剣だったと思います。それは結果的に、かろうじて保たれていた律令制の建前を自己否定することにつながってしまったからです。

院政以前、天皇は摂関家に政治の実権を握られていましたが、だからこそ摂関家のように私利私欲に走らない、公を代表する存在として、「公地公民制」の頂点に立つことができていたのです。それが白河上皇や後白河上皇のように、自分の支配下の荘園を拡大させるようになると、摂関家や寺社勢力などと同じ土俵に降りて、私利私欲による闘争に参加することを意味します。そもそも公地公民を掲げ「この国の土地は天皇のものだ」と唱える天皇家が〝私有地〟を持つこと自体矛盾しているわけで、ここにおいて「律令制」は建前としても崩壊してしまったわけです。

かくて、日本全体が土地争奪戦に突入した。これが日本における中世の幕開けだといえるでしょう。

## 源平の二重闘争

院政が開始された当時、土着化した下級貴族や荘園経営者、土地の有力者などから発展した武士はまだ野蛮な武装集団にすぎませんでした。朝廷に刃向うことなど思いつきもしていません。しかし、数百年の学習を経て、武士はゆっくりと統治や外交と戦争を担える自立した集団へと成長していきます。鎌倉幕府、南北朝動乱、室町幕府、戦国時代、織豊政権を経て、江戸幕府開府に至る五百年ほどの歴史は、武士が、天皇を頂点とした「職の体系」に代わる土地安堵《あんど》の論理を編み出し、自立していく過程だと捉えることができます。

はじめに自分たちの力に目覚めた武士たちは、白河、鳥羽（一一〇三―一一五六）、後白河上皇らに仕えた傭兵集団でした。それが源氏であり、平家です。彼らは他の武士に先駆けて、朝廷に武力で対抗できることに気づき、自分たちで土地を守る方法を模索しはじめます。

院政期に激化していった朝廷内の権力争いを通じ、源氏と平家は二重の戦いを行うことになります。ひとつは、朝廷勢力の傭兵集団としての代理戦争。もうひとつは武士としての、朝廷に対する独立戦争だったのです。

## 天皇と将軍、どちらが上か？

一一九二年、源頼朝が鎌倉に幕府を開いた時点では、西の朝廷は、辺境の武士たちの軍閥だろうくらいに考え、あまり問題にもしていませんでした。

鎌倉幕府の優位が決定的になるのは、一二二一年の承久の乱です。後鳥羽上皇（一一八〇―一二三九）がこの戦いで大敗したことが、天皇の権力を大きく減退させることになりました。

まず直撃を受けたのが経済力です。後鳥羽上皇に味方した皇族、貴族、武士らの三千カ所にものぼる所領が幕府によって没収され、軍功を上げた幕府の御家人《ごけにん》に分配されます。これによって、天皇や朝廷の経済基盤は大きく損なわれました。

また、天皇直属の軍隊も解体されました。後鳥羽上皇が今後の「武力放棄」を誓う公文書を幕府に提出すると、京都には六波羅探題が置かれ、朝廷への監視が強化されたのです。

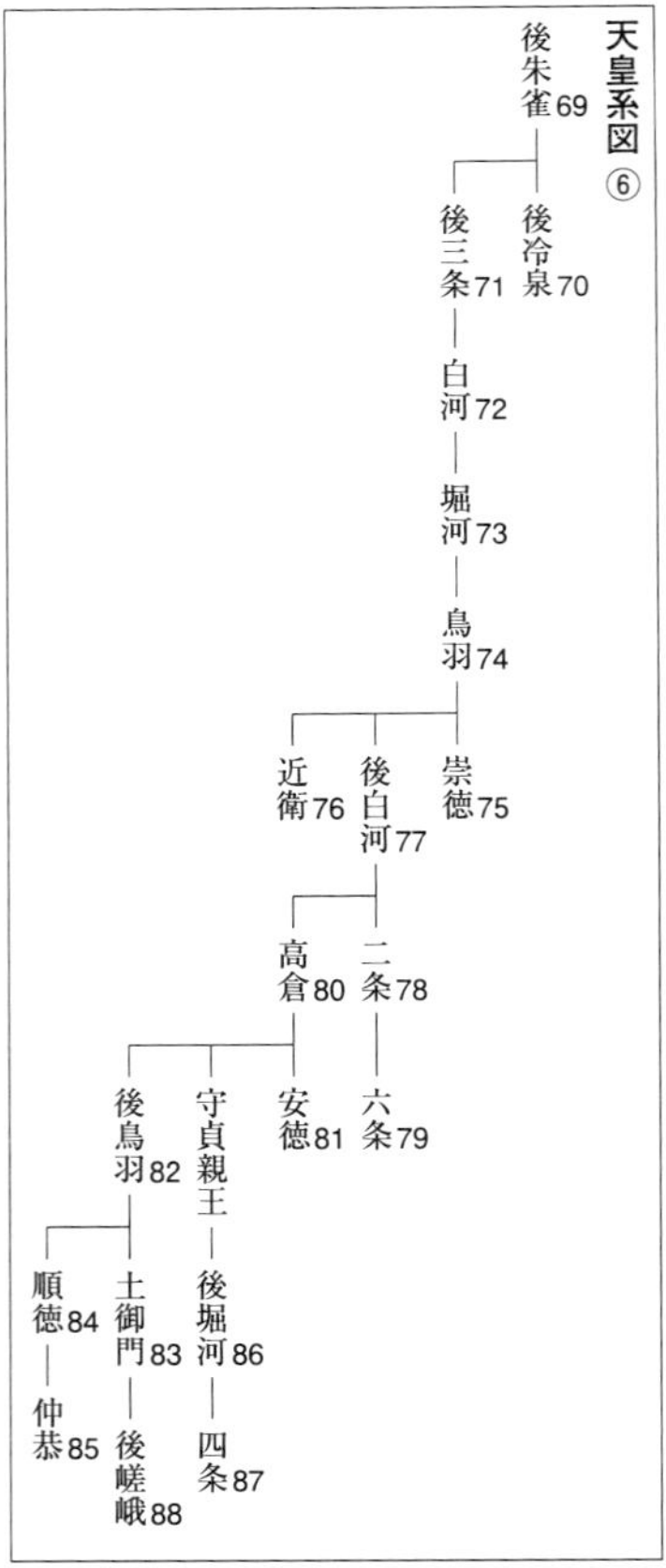

そしてとどめの一撃は、後鳥羽上皇の隠岐島への配流《はいる》です。朝廷と幕府、天皇と将軍の力関係は、ここに逆転したのです。

しかし、歴史学者のなかには、こうした見方への異論もあります。天皇は室町時代まで公家、武家、寺社などの土地の支配者集団（「権門」と呼ばれます）の長の任命権を掌握し、権門の上に君臨していた、と考える「権門体制論」です。実は学界ではむしろこちらの議論のほうが有力で、私は少数派に属するかもしれません。「権門体制論」から考えた場合、源頼朝や徳川家康が征夷大将軍に、豊臣秀吉が関白になる際に、武士の棟梁を任命し、その権力を承認しているのは、天皇である。だから、承久の乱の以前も以後も、天皇は武士の上に君臨しているとなるわけです。

しかし、歴史をみるうえで重要なのは、文書に示された建前や形式よりも、それが実際にどのように機能していたか、現実を動かす力を行使していたのは誰かだと私は考えます。そこで承久の乱以降の幕府と朝廷の関係をみていきましょう。

昔も今も誰が実権を握っているかを最も雄弁に語るのは、人事です。承久の乱以後、次の天皇を誰にするかは、朝廷の一存では決められなくなりました。鎌倉幕府の承認が必要となったのです。

承久の乱のとき四歳で即位した仲恭天皇（後鳥羽上皇の嫡孫）は、乱ののち、ただちに幕府の手によって無理やり皇位から下ろされます。その後、一二四二年に四条天皇が亡くなると、朝廷は忠成《ただなり》王を後継者にと考えましたが、幕府はこれを認めず、邦仁王を天皇の位に就《つ》けました（後嵯峨天皇）。忠成王は承久の乱で後鳥羽上皇と行動をともにし、佐渡島に流された順徳上皇の皇子だったために、幕府は後鳥羽本流の子孫が天皇になることを許さなかったのです。一方、幕府は将軍や執権を決めるのに朝廷の意向を聞く必要はまったくありませんでした。

訴訟などについても同様のことがいえます。朝廷は、承久の乱後、蓄積された行政能力を活かして、土地の境界争いなど、各地の訴訟の解決に積極的に乗り出しました。後鳥羽、土御門、順徳の三人の上皇が流され、自前の武力さえ奪われた朝廷としては、自らの政治能力と存在意義を認めさせる数少ない手段でした。しかし、武力を持たない朝廷には大寺社同士の争いを調停したとしても、その決定をきちんと履行させる手立てがないのです。結局、事態を実際に収拾させるためには、幕府の武力を頼るしかありませんでした。

最後に、外交と軍事は誰が握っていたか。これは元寇のときを考えると、わかりやすい。外交、すなわち元の使者に応対し、返書を出さぬことを決定したのは、鎌倉の北条政権でした（稚拙な外交ではありましたが）。九州で元軍と戦ったのも、幕府軍であり、朝廷は何もしていません。外交と戦争という国家の最も大切な仕事を担っていない朝廷が、はたして幕府より上位の権力機関だったと言えるでしょうか。

## 木像だろうと金の像だろうと

政治的実権を握った武家から再び権力を奪還しようと戦いを挑んだのが後醍醐天皇（一二八八―一三三九）です。律令制の再建、天皇親政の復活というヴィジョンを掲げた建武の新政（一三三三年）は、三年二カ月であっけなく瓦解しましたが、「国家ヴィジョンを掲げる」という点では、かつての「王」としての天皇のあり方に近いものがあります。そのため、やはり天皇親政を標榜した幕末維新、それに続く皇国史観においては非常にもてはやされましたが、内実が伴いませんでした。足利尊氏をはじめとする有力武士ばかりか、朝廷の実務貴族からの支持を得られなかったことが、そのことを物語っています。

南北朝の動乱のなかで、天皇の位置づけについて特筆すべき大事件は、なんといっても一三五二年の後光厳天皇の即位でしょう。といっても、一般にはあまり知られていないかもしれません。

なぜ、これが大事件だったのか。当時、天皇に即位するために必要とされた条件は、天皇家の家長であり最高実力者である「治《ち》天《てん》の君《きみ》」から後継指名を受けることと、三種の神器を持っていることでした。しかし、このとき南朝方が、北朝の光厳上皇、光明上皇、崇光上皇、そして皇太子の直仁《なおひと》親王を吉野へ連行してしまい、北朝側には上皇も三種の神器もない状態だったのです。しかし、即位の条件をまったく満たしていなかったにもかかわらず、足利政権は後光厳天皇の即位を強行しました。武家政権は思うがままに天皇を作り出せることを証明してしまったのです。

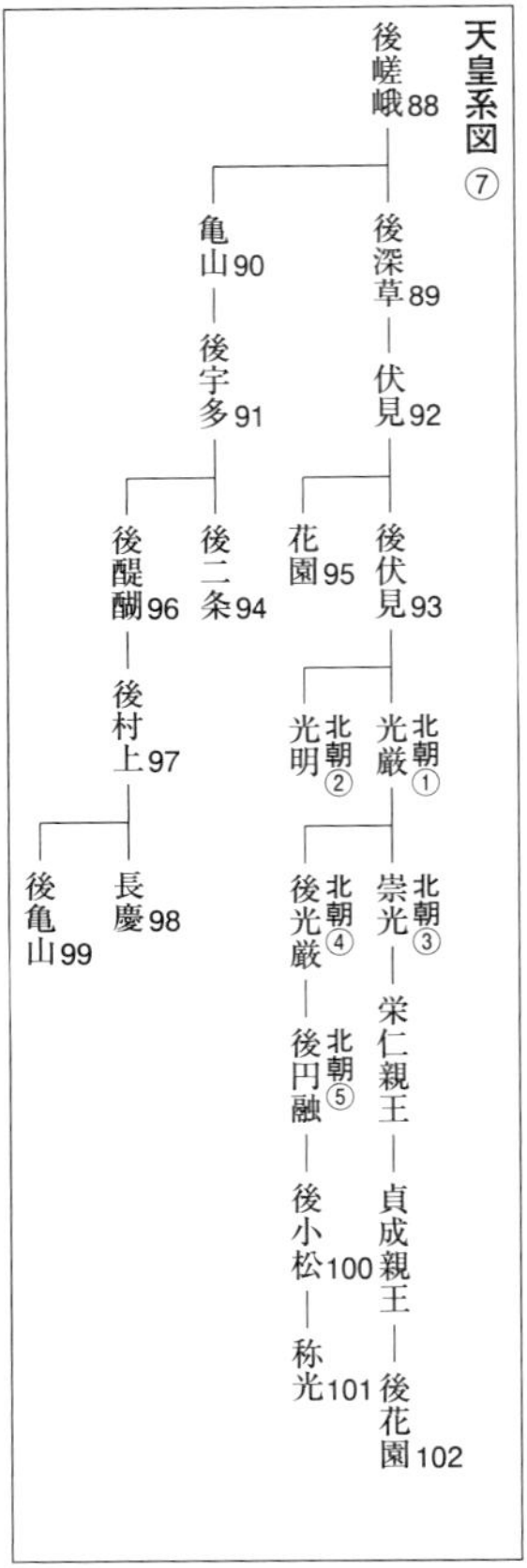

天皇系図⑦

では、そこまで武家の権力が強いのであれば、なぜ無理をして、北朝の天皇を戴《いただ》かなくてはならなかったのか。そう考えた人、なかなか鋭いですね。

その答えを考える上でヒントになるのは、足利尊氏の執事として絶大な権力をふるった高師直《こうのもろなお》が語ったとされる言葉です。

「京都には王という人がいらっしゃって、多くの所領を持っている。内裏《だいり》とか院の御所とかがあって、一々馬を下りねばならぬ面倒くささよ。もし王がどうしても必要だという道理があるのなら、木で造るか、金で鋳《い》るかして、生きている院や国王（天皇）はみな流し捨て奉れ」

この言葉の意味は両義的です。師直は、もはや天皇に対して何の敬意も畏《おそ》れも持っていません。しかし、同時に木像や金の像でいい、と言いながら、天皇という存在は「どうしても必要」だ、いてもらわないと困るとも読める。

師直ほどの傲岸不遜《ごうがんふそん》な武士でさえも、天皇を必要としたのはなぜなのでしょうか。その鍵は、やはり「職の体系」にあると思います。

室町時代の武士は、土地の権利をめぐる論理として、「職の体系」以上のものをまだ構築できなかった。もし今、天皇家を滅ぼしてしまったら、土地の権利は大混乱をきたす。

領主たちの自力救済にまかせたら武力抗争が頻発するだろうし、武士たちに対する幕府の信用も丸潰れになってしまう。今以上の混乱が訪れる。師直をはじめ室町幕府を支える武士たちは、そのように考えていたのではないでしょうか。

## 在位の長さは貧乏の証？

武士たちが天皇を頂点とする「職の体系」に頼らない、土地のシステムを作り上げるのは、戦国時代のことです。というより、誰にも頼らず、その地域のすべてを支配している存在が戦国大名だ、といったほうが正確かもしれません。

この時期になると、地域の王である戦国大名は、武力の面でも統治能力の面でも、「一《いっ》職《しき》支配」とか「一円支配」といって、自分の支配地域一円に対する支配権を確立します。その代表的な例が織田信長です。「職の体系」の複雑な権利関係はすべて整理され、信長に一元化される。そして信長は領地を家臣たちに与えると、その土地はまるごと家臣たちのものとなる。

歴史好きの間でしばしば話題になるのは、「もし信長が本能寺の変で斃《たお》れなければ、天皇家は続いていたか?」。私は天皇家が途絶えた可能性はあったと思います。そう考える理由のひとつは、信長が八百年ほど続く宗教的な権力であった比叡山を焼打ちにしてしまうような、特異極まりない人物だったから。しかし、それだけでは印象論にすぎません。もうひとつの理由が重要で、一円支配を実現した信長にとって、もはや天皇は必要ないからです。

信長の後を継いで、この支配体制を全国的に展開したのが豊臣秀吉でした。ここでは、秀吉ですら全国支配を実現するためには、「関白」という天皇から与えられる位が必要だったのではないか、という疑問が生じます。

これはなかなか鋭い疑問ですが、ものごとには本《もと》と末《すえ》というものがあります。これがひっくり返ってしまうと本末転倒です。秀吉の権力が何に由来しているかを考えてみると、「本」すなわち主な源泉は、やはり秀吉の武力、そして財力にほかなりません。関白という権威は、その秀吉の実力をいわばオブラートで包み、飲み込みやすくするための「末」、副次的要素ではないでしょうか。

室町、戦国時代になると、武家勢力と、朝廷の力の差は、財力だけみても歴然としています。後醍醐天皇以後、徴税権を室町幕府に奪われた天皇の経済力は著しく衰えていきま

**天皇系図⑧**

後花園102 ― 後土御門103 ― 後柏原104 ― 後奈良105 ― 正親町106 ― 誠仁親王 ― 後陽成107 ― 後水尾108

す。その結果、葬儀や即位の費用を捻出することもできないというケースもありました。この時期の天皇のなかには、後土御門天皇（在位三十六年）、後柏原天皇（在位二十六年）、後奈良天皇（在位三十一年）と、在位の期間が長い天皇が目立ちますが、これは彼らが強い権力を握っていたからではありません。即位式を行う費用がなく、なかなか代替わりができなかったのです。

## 日本の危機と天皇

江戸時代に入ると、禁中並公家諸法度によって、天皇の第一の仕事は学問だと定められました。また、改元も天皇の仕事だとされています。つまり、あらゆるものを統《す》べていた「王」から少しずつ力が奪われていき、朝廷に残されたのは、改元や暦を作ること、また雅な王朝文化を後世に伝える役割だったことを意味しています。

しかし、これらの分野でも、江戸幕府は朝廷以上の権利を行使しています。将軍の代替わりには必ず改元が行われているのに対し、天皇の場合には明正天皇のときも、霊元天皇のときも、改元を行っていません。また朝廷が八百年以上もの間、独占して作らせていた暦（宣明暦）も、一六八五年には、幕臣の渋川春海が完成させた貞享暦に取って代わられました。

このように天皇の役割はさらに限定され、江戸幕府の影響下に置かれることになります。

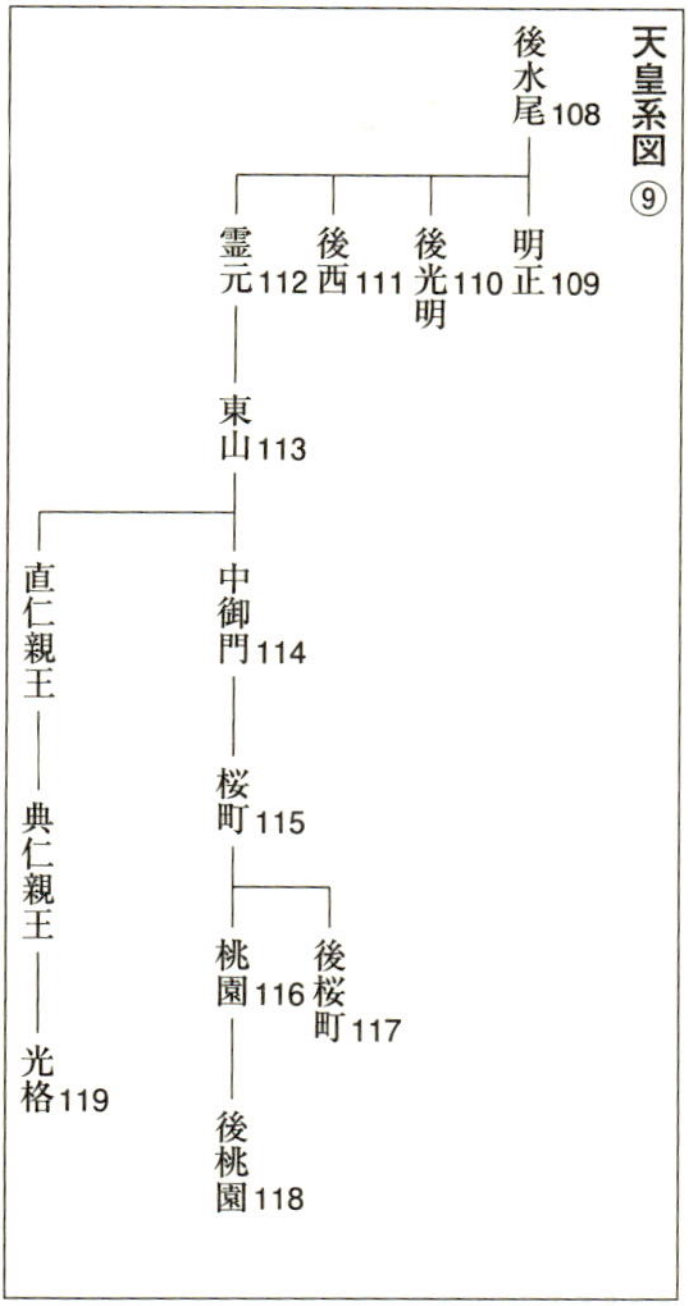


幕府によって、天皇は現実の政治と関わることも厳しく制限されます。武家に官位を与えることは禁じられ、諸大名の京都立ち入りも制限されました。天皇は御所から出ることも禁じられ、外出するには幕府の許可が必要でした。

こうして江戸時代には、天皇はほぼ極小といっていいほど存在感が縮められてしまう。江戸時代の一般の人々にとっては、天皇はすでに視界から消えてしまっていたといえるでしょう。

**天皇系図⑩**

光格119――仁孝120――孝明121――明治122――大正123――昭和124――今上125

そこまで存在を縮小させられた天皇が、なぜ明治維新に際して、いきなり「王」としての役割を担わされたのでしょうか？　その答えは、「庶民の期待」だと思います。

江戸も後期となると、力をつけてきた庶民の側が天皇を「再発見」するようになります。見えないがゆえに知りたい、見えないがゆえに熱烈に憧れる。そのような天皇への崇拝の念、熱情がやがて国学を生み出します。特に平田国学が広まると、世の中に、天皇こそが現行の幕藩体制を倒し、この苦しい身分制度の世の中を変えてくれるのではないか、という期待が醸成されていきます。

徳川御三家のひとつである水戸藩では「徳川家に将軍職を授けるのは天皇である」として、天皇を尊崇する水戸学が生まれ、幕末には尊皇攘夷思想の核となっていきます。これに加えて、幕府が欧米列強からの開国要求などに苦慮する状況のなかで、天皇の存在は大きくクローズアップされていったのです。

冒頭でも白村江の戦いと幕末維新、そして昭和の敗戦を対比してみましたが、日本が「外圧」による危機に晒《さら》されたとき、新しい「ヴィジョン」を掲げる。それが日本の歴史における天皇の役割だといえるかもしれません。

# 第二回　宗教を知れば日本史がわかる

## 八百万の神々、世襲、外圧

日本人が何を信じ、何を考えてきたか。そして日本社会の軸となっているものは何か。それを考える上で、宗教は外すことのできないテーマでしょう。日本の宗教の千年以上もの歴史をたどるには、あまり裏道に迷い込まないよう、おおまかな基本線というものが必要です。そこで三つのポイントを考えてみました。まずは、「八百万《やおよろず》の神々」。日本の宗教の一番根っこにあるのはやはり多神教です。その原理は基本的には「安定&まったり」。神々同士が（正確にはそれぞれの神様を信じている人間同士が）どちらかを滅ぼすまで戦ったりせず、数多くの神様が共存し続けている。

その対極にあるのが一神教です。イエスかノーか。正しい神はただひとつで、あとはニセモノ。そんな厳しい宗教です。

興味深いのは、世界中を見回すと古くからあちこちで見出されるのは多神教で、一神教はなかなか生まれないことです。ユダヤ教、キリスト教、イスラム教、いずれも中東の砂漠地域といった限られたところで成立しています。ところがひとたび誕生すると、非常に強い伝播《でんぱ》力を持っていて、世界中に広まっていく。

その意味では、ユーラシアの東の端に位置する日本は、一神教の影響からは最も遠い地域だったと言えるかもしれません。

反対に多神教は吸収力が強い。外からいろいろな宗教、神や仏が入り込んでも、どんどん取り込んでしまい、現地化していくのです。

二番目のポイントは「世襲」です。私は日本史を貫く組織原理の要のひとつが「世襲原理」だと考えています。試験による選抜などではなく、生まれた家柄で序列を決めていく。競争による軋轢《あつれき》をできるだけ避け、前例踏襲、革新よりも古くからある仕組みの方に価値を見出す。これもある種の「安定&まったり」をよしとするものです。

しかし宗教と世襲とは、本来、相性が悪いはずです。そもそも仏教の僧侶も、キリスト教の神父も、基本的には妻帯さえ禁じられていました。もちろん日本においても、明治になって僧侶の妻帯が正式に認められるまで（このこと自体、きわめて日本特殊の現象なのですが）、浄土真宗以外のお坊さんは家庭を持ってはいけませんでした。

では、許されないはずの「世襲」をどうやって実現してきたのか？　そこに、とても日本的な特殊性を見出せると考えます。

そして最後に「外圧」。実は仏教にしても、キリスト教にしても、外から宗教が入り、日本社会に大きなインパクトを与える時期というのは、しばしば日本国家を揺るがす危機と重なっています。

そこでは日本にはなかなか定着しなかった一神教的なものが強い存在感を放ったりします。それがその時々の政治勢力ともぶつかり合う。遠藤周作の原作をマーティン・スコセッシ監督が映画化した『沈黙』が話題を集めましたが、戦国から江戸初期のキリシタンへの対応は、まさにその代表例といえるでしょう。

## 神道と仏教、どちらが重視されたか?

では、古代から見ていきましょう。

まず押さえておきたいのは、「日本」の成立と宗教とは密接な関わりがあることです。日本の神話が国家としてきちんと体系づけられたのは、言うまでもなく八世紀の初め、『古事記』『日本書紀』の成立においてです。この記紀神話とは何かといえば、天皇家の祖先神を頂点として八百万の神々を序列化し、それによって、天皇が他の豪族から卓越した存在であることを担保したものです。つまり、「神道」がここで基礎付けられます。

そして興味深いことに、同じ時期、やはり天皇家の主導によって、仏教の受容が進み、国家体制に組み込まれていくのです。聖武天皇が地方ごとに国分寺の建立を命じたのが七四一年、東大寺に奈良の大仏がつくられるのが七五二年。これはよく知られるように、仏教の教え、大仏（盧遮那仏《るしゃなぶつ》）の力による国家鎮護を目指したものでした。

つまり神道と仏教はほとんど並行して、しかもどちらも天皇家によって、形成され受容されていったわけです。

何故か？　その背景には、古代日本のあり方を決定づけた「外圧」がありました。六六三年の白村江の戦いです。前回の「天皇」でも登場しましたが、日本という国のなりたちを考える上で、やはり外せないポイントなのです。唐という巨大な先進国家によって侵略され、占領されてしまうかもしれないという脅威の大きさにおいて、この敗戦は、後の元寇や黒船来航、昭和の敗戦に匹敵する、あるいはそれらを上回るほどの国家の危機でした。

この敗戦で、ヤマト朝廷は、国家体制を根本から立て直す必要に迫られます。近江京への遷都《せんと》や水城《みずき》・山城《やまのき》の建設、防人《さきもり》の配備など国防の強化とともに、大陸の進んだ文化の取り入れも活発になります。その最大のものは律令ですが、都の作り方、衣装など、あらゆるものに大陸風が取り入れられます。これも憲法などの法整備から、レンガ造りや洋装、散切り頭に及んだ明治の文明開化政策に似ているかもしれません。

当時の仏教もまた最先端の文化であり、国家の軸となる思想でした。日本最古の仏教寺院といわれる四天王寺が聖徳太子（厩戸皇子《うまやどのみこ》）建立と伝えられているように、そもそも天皇家は仏教伝来の頃から最大の仏教擁護勢力でした。海外からの先進的な文化や文物を真っ先に取り入れることで、他の豪族たちに優越してきたわけです。それをよくあらわしているのが、聖武上皇が行った大仏の開眼法要です。天竺から来た僧侶、菩提僊那《ぼだいせんな》が目を入れ、唐や朝鮮などの舞いが奉じられるなど、きわめて国際的なセレモニーでした。

では、天皇家では神道と仏教のどちらが重視されてきたか。これは間違いなく仏教です。単純な話、神官よりも僧侶の方が格段に位が高いのです。神官の最高位である神祇伯《じんぎはく》は従《じゅ》四位下《しいげ》で公卿にもなれません。それに対し、仏教では入道親王（親王が出家）、法親王（出家後に親王となる）が数え切れないほどいます。

さらにいえば、大喪の儀、すなわち天皇皇后などの葬儀も、聖武天皇から江戸末期までずっと仏式で行われていて、神式でやるのは明治以降のことだったのです。

## 中国文明のプレッシャー

このように、仏教は国家体制の中核に結び付けられますが、それは宗教としては大きな歪みを生じさせることにつながってしまいます。つまり、世俗権力との距離が近すぎる、もしくは一体となってしまったことです。このため、日本の仏教は聖なる存在としての独立性が乏しく、修行や教義の研究などよりも、形骸化した儀式を重んじるようになってしまいます。

ただし一部では高度な仏典研究などもなされていました。奈良時代、平城京を中心とした、いわゆる南都六宗《なんとろくしゅう》（三論宗《さんろん》、成実宗《じょうじつ》、法相宗《ほっそう》、倶舎宗《くしゃ》、華厳宗《けごん》、律宗《りつ》）は教理の研究を中心とした、学僧集団という性格の濃いものでした。

彼らは龍樹《ナーガールジュナ》が著した『中論』や、唯識《ゆいしき》思想、華厳経といった難解な仏教理論の研究では高い水準を誇りました。ただし、それはごくごく一部の学僧たちのためだけの非常に限られたものだったことは指摘しておかなければなりません。南都六宗には、その教えを世に広めていこうという方向性はほとんどみられませんでした。

それはお経を見れば分かります。読めば、ではなくて、見れば、です。全部漢字漢文でしょう。つまり、日本語訳がなされていないのです。本来、仏教とは釈迦の教えを知ることで解《げ》脱《だつ》への道を歩むことであったはずです。お経はその教えを記したもの。中国ではサンスクリットを漢字に訳しましたが、日本では自分の国の言葉にされることなく、今日にまで至っています。いまでは時々、日本語でお経をあげるお坊さんもおられますが、一般の人たちからは「意味がわからない方がありがたい」という声も聞こえてきたりして……。

実は、①きわめて少数の人々にしか共有されていない、②難解で理解が困難という南都六宗の特徴がそのままあてはまるのが律令なのです。

教科書などには「古代日本は律令国家。ただし次第に形骸化していった」とされていますが、私はこれには根本的な疑問を抱いています。そもそも律令がこの国で実際に機能したことなどあったのだろうか、と。

もちろん七〇一年に整備された大宝律令など、律令法典は残されています。しかし、それを読んで理解できたのはごく少数の朝廷官僚くらい。土地や税の管理など、律令に書かれている内容が実行できるほど、当時の社会は成熟していなかった。

実際には役に立たないと分かっていたのに、必死になって律令を採用したのは、「中国にキャッチアップせねば」というプレッシャーがそれだけ強かったからでしょう。

それにはプラスの面もあって、奈良時代は、その後の平安時代と比べると、まだ世襲原理がそこまで全体を覆い尽くしておらず、能力主義で登用された人材が活躍する余地が広かったといえます。政治家でいうと、吉備真備《きびのまきび》。地方豪族出身の学者だったにもかかわらず異例の右大臣にまで上って政治を司った人物ですが、彼が出世できたのも入唐留学生に選ばれ、唐でさまざまな学問を学んだことが大きかった。唐の進んだ文化を吸収するには、家柄は関係ない、実力の世界だったわけです。

これは宗教にもいえて、空海と最澄という二人の偉大な宗教人も、唐に渡って、その高い知力で新しい仏教を持ち帰るのです。

しかし、その彼らのもたらした密教が、平安時代、仏教の形骸化に拍車をかけることになります。

## おまじない化する密教

そもそも最澄が伝えた天台宗の基本的な教えは、簡単にいえば、世の中のことわりを論理的につきつめていくことで、仏に到達できる、というものでした。だから、天台宗で中心となる経典は「法華経」で、一番偉い仏様は釈迦如来です。お釈迦様の教えを学ぶことで覚《さと》りを開こうというのが、本来の天台宗の考え方です。

それに対して、空海が開いた真言宗で一番偉い仏様は、大日如来なんです。大日如来とは「万物の慈母」とか「無限宇宙の全一」とされる仏で、釈迦が到達した、論理による覚りよりも、さらに先の摩訶不思議《まかふしぎ》なる力が働くところに本当の覚り、真理がある。それが密教の教えです。

この密教に、平安貴族たちはこぞって飛びついたんですね。論理よりも、超論理的なパワーの方に魅力を感じた。

そうした動きを知った最澄は、空海から「大日経」をはじめとする密教の膨大な経典を借りて、密教を学ぶわけです。そうして天台宗も密教へと傾斜していった。真言宗の教学の中心は京都の東寺にあったので「東密《とうみつ》」、天台宗の密教は「台密《たいみつ》」ですが、いずれにしても密教が平安仏教の主流となっていく。

空海自身の密教は、仏教的な宇宙論など壮大な体系に裏打ちされたものですが、それが貴族社会に広まっていくと、どうしても形だけのものとなっていきます。しかもこの時期に唐が衰退してゆき、「何が何でも中国に追いつかなければ」という外圧が緩むと、儀式化、おまじない化に拍車がかかりました。

## 貴族の序列が仏教界にも

さらに問題だったのが、これが貴族社会の「世襲原理」と組み合わさってしまったことでした。

空海、最澄は、まだ「僧伽《そうぎゃ》」という修行集団を重視していました。空海は「競い合って修行しろ、そして仲良くせよ」と説き、最澄は「新しく修行の道に入ってきた者には、優しく教えなさい」と述べています。いずれにしても仏教とは、あくまでも修行僧個人の信仰であり、きちんと修行した者、覚りを会得した者が尊いという価値基準があったのです。

それがいかにして変質していくのか。平安時代、寺院のなかに「院家《いんげ》」というものがあらわれます。これは何かというと、大寺院の内部に寺がある。たとえば延暦寺、醍醐寺など個々の寺本体とは別の本尊、別の堂舎、別の財産（荘園など）を持っている寺の中の寺。これが院家なのです。有名なところでは延暦寺の青蓮院《しょうれん》・妙法院・三千院、興福寺の一乗院・大乗院、醍醐寺の三宝院などが挙げられますが、こうした院家がたくさん作られていく。

そして、この院家が世俗の貴族と結びつきます。たとえば仁和寺の勝宝院は西園寺家。長男は西園寺家を継ぎ、弟が勝宝院の院主になるのです。もちろん院主は出家の身ですから、妻帯不可、後継ぎも生まれません。どうするかというと、西園寺家を継いだ長男の子どもを次の院主にするわけです。つまり叔父から甥へ院主が継承される、擬似的な世襲を続けていく。

貴族の世界には格付けがあります。天皇家を頂点として、摂政や関白を出す摂関家、その次が清華家《せいが》、大臣になる大臣家、その下に大納言を頂点とする羽林家《うりん》といった序列があるのですが、院家の格付けも、この世俗の格付けに準じて決まる。より上位の貴族に結びついた院家（これを「門跡《もんぜき》」と呼びます）の方が、寺院としても格上になり、お坊さんとしても偉い、ということになるのです。

## 政治も宗教も結局、儀式

この点に私はずっと疑問を持っていました。僧侶というのは修行者集団です。それを束ねていくのは、やはり宗教的な実力、学識や修行の深さなどが伴わなくてはいけないのではないか。僧侶として偉いかどうかが、生まれた家の家柄で決まる「世襲原理」では、寺院として成り立たないのではないか。

ところが立派に成り立ってしまうのです。そのカギは「教相《きょうそう》」と「事相《じそう》」にありました。教相とは、教義の理解、仏教哲学などを指します。それに対して、事相は実践です。それも人々の救済や修行ではなく、儀式を正確に行うことがメインになる。そして当時の仏教界では教相、すなわち思想よりも、儀式としての事相が重んじられたのです。

儀式を行うだけならば、特別な研鑽は必要ありません。当時の寺院に伝えられる門外不出の教えが書いてある仏教書を読んでみたら、そこには、真言の八祖といって龍樹から空海まで八人の先達の像に、頭を一回下げるのか三回下げるのか、階段を右から上るか左から上るか、といった内容が書かれていて、拍子抜けしました。これなら貴族のおぼっちゃんでも務まる。

実は平安期の朝廷の政治も、これと似たようなものでした。つまり年中行事として延々と儀式を執り行うのが、当時の政治だったのです。ここでも仏教と世俗権力は完全に一体のものとなっています。

平安期の仏教の顧客はあくまで貴族です。そこで祈られたのは「利益《りやく》増進」、すなわち現世利益《げんぜりやく》でした。護摩を焚いてクライアントである朝廷や貴族の利益を拝むと、僧侶の位がひとつ上がる、というわけです。

この時期、寺や神社は寄進を受けて、たくさんの荘園を保有します。そして農民から税を取り立てるのですが、これもお寺だから少し農民に優しい扱いをするというわけではありません。世俗の貴族などと同じだけの税率で、同じように厳しく取り立てる。さらに自分の権益を守るために、僧兵を整備して軍事力をもつ。つまり実質的には単なる世俗権力のひとつなのです。

「王法と仏法は車の両輪」という言葉がありますが、実際には、仏法は王法、すなわち世俗権力に完全に取り込まれていたわけです。

## 民が求めた救済と平等

こうした平安仏教のあり方に異議を唱え、仏教だけでなく、政治や社会のあり方をも変えたのが、いわゆる鎌倉新仏教です。

当たり前のことを言っているようですが、こういう認識は歴史学界では少数派かもしれません。いま学界主流の権門体制論では、「鎌倉新仏教は天台・真言の一部に過ぎない、もしくは異端でしかない」とされているからです。

しかし、私はいくつかの点で、鎌倉新仏教は革新的だったと考えます。

ここでは法然が説いた浄土宗を中心にみていきましょう。

法然の教えを簡単に要約すると、ただひたすら衆生《しゅじょう》救済を誓った阿弥陀如来を信じ、「南無阿弥陀仏」と念仏を唱え続ければ、誰でも極楽浄土に往生できる、というものです。

浄土の教えは二つの意味で「やさしい教え」でした。まず名もない人々の救済を目指すという意味で「優しい」。そして、誰でもできるという意味で「易しい」。これは鎌倉新仏教に共通する特徴です。修行の厳しさで知られる禅宗ですが、誰もができるという意味では、座禅も易行《いぎょう》に含めて構わないと思います。

新しい仏教の勃興は、鎌倉幕府の成立とも並行した現象だと私は考えます。鎌倉幕府とは何かを一言でいうならば、在地勢力の自立です。平安後期においては、地方官に任じられても、任地まで行かずに帰ってきてしまうような中央の貴族たちがほとんどでした。彼ら貴族に相手にもされていなかった在地の勢力が、自分の土地を自分で守り、連合して自前の秩序を作ろうとした動きが、鎌倉幕府の成立につながったのです。

法然の教えが貴族だけではなく武士や民衆に広がっていったのも、民衆がいわば自前の救済を求めたからだと思います。

そこで示唆的なのが、法然と熊谷直実《くまがいなおざね》の関係です。熊谷は平敦盛を討ち取ったことで知られる源氏の猛将ですが、法然に出会い、「罪の軽重をいわず、ただ念仏だにも申せば往生するなり、別の様なし」、数多くの命を奪った罪深い身であっても、ただ念仏を唱えれば往生できる、ほかの道はないのだよ、と説かれて、涙を流し帰依する。自分を救ってくれる教えに初めて出会ったわけです。

そして熊谷は法然のボディーガード的存在になるのですが、あるとき摂政・関白を歴任した最上位の貴族である九条兼実が、法然の話を聞きたいと招きます。しかし、熊谷は身分が低いから建物の中に入れてもらえず、法然の話が聞けない。そこで熊谷は「あわれ穢《え》土《ど》ほどに口おしきところあらじ。浄土にはかかる差別はあるまじきものを」、この世俗の世ほど悔しいものはない、浄土にはこんな差別はないはずだと嘆くのです。「差別」という概念が日本史上はじめて用いられている。ここには平等に対する切実な希求があります。そして、浄土宗はその平等を与えてくれるものだ、という思いがある。これはやはり画期的なことだったと思うのです。

## 浄土宗と統治者意識の誕生

もうひとつ鎌倉幕府と新仏教の関連性で考えたいのが、統治者意識の問題です。

そこで重要なのは、第三代執権北条泰時の「御成敗式目《ごせいばいしきもく》」でしょう。それまでの法律、たとえば律令は中国からの借り物で、すぐに役に立たなくなってしまった。それにかえて、自分たちの生活に即したわかりやすいルールを作る。これは統治者意識の誕生だと思うのです。鎌倉幕府の設立から五十年ほどして、もともとは「戦う人」だった武士が、「治める人」になっていく。

これがさらに進んだのは第五代執権の北条時頼で、彼は「撫民《ぶみん》」ということを言い出します。つまり民を可愛がる、大事にしなくては駄目だと、幕府のトップが説くようになる。これは民衆のことなど考えもしなかっただろう平安貴族とはまったく異質の発想なのです。

私は、この大転換の背後には、人々の救済を重視する浄土宗の思想があったと考えます。というのは、時頼の精神的な師匠ともいうべき人物に、大叔父の極楽寺重時（北条重時）がいます。執権に次ぐ連署《れんしょ》というポジションで鎌倉幕府を支えた重時は、熱心な浄土宗信者でした。そして重時、時頼の師だったのが、法然の正統的な孫弟子の信瑞《しんずい》。この信瑞は、ある御家人から「われわれは民から税を取り、その金で神や仏を祭っているが、神や仏は喜ぶのか」と尋ねられると、なんと言下に「喜ばない」と答えるのです。御家人の役割は民百姓を大事にすることだ、それを実行してはじめて神仏は喜ぶ、と。お布施よりも撫民のほうが、仏の道にかなっていると明言している。こうして見ていくと、浄土の教えは社会や政治のあり方までも変える大きな影響力があったと思うのです。

## 禅宗の擬似世襲制度

さらに鎌倉幕府と特別な関係にあったのが禅宗です。それは人事権をみればわかる。天台・真言をはじめとする旧仏教は朝廷社会と深い関係にありましたが、そうした寺院の人事権は誰にあるのかというと、最終的には天皇にあるのです。ところが禅宗だけは将軍が最終的な人事権を握っている。だから禅宗は武家の宗派なのです。

本格的な禅の教えは鎌倉初期に宋から伝わりますが、臨済宗を開いた栄西、曹洞宗の道元など多くの僧が宋に渡りました。そして日本各地に禅寺を開くのですが、これがいわば大学のような研究・教育機関としての役割をも果たすようになります。そして「十方《じっぽう》住持《じゅうじ》」という考え方があって、それら地方の寺を転々として修行しながら、京都や鎌倉の大寺院の住職になっていくのです。いわば平安的な世襲人事を打破するシステムだった。

ところがこれも後には世襲的に変質してしまいます。室町時代になると、度弟院《つちえん》制度といって、あちこちで修行する十方住持を否定して、師匠から弟子へ決まりきった教えを受け継がせる、いわば直系相続のスタイルが力をもつようになるのです。つまり師匠にゴマをすった奴が偉くなる仕組みで、いまの大学の研究室みたいですが（笑）、これに激しく怒ったのが一休宗純、とんち話で名高い一休さんでした。一休は戒律に逆らって、飲酒肉食、女犯《にょぼん》を行うのですが、これは「二度出家」という考え方に基づくものでした。つまり、世俗化しきった仏教界からも「出家」して、俗人のごとく暮らす。そこに宗教家としての実存を賭けたわけです。これは親鸞の肉食妻帯にも通じるものでしょう。

## 戦国「一神教」の挑戦

戦国時代の宗教で、非常に重要なのは一向宗とキリスト教です。一向宗で興味深いのは、日本には珍しい一神教の色彩が強い宗教だということです。

一向宗は浄土宗から生まれますが、そもそも法然の説いた浄土宗自体、一神教とかなり似た要素がありました。その点を厳しく指摘したのが、南都六宗の貞慶《じょうけい》という僧侶でした。法然に対し、「お前は阿弥陀仏さえ尊べばよいと説いているというが、釈迦如来や大日如来など、他の仏の立場はどうなるのか」と詰問するのですが、これは浄土宗の一神教的性格を鋭く衝《つ》いています。これに対し、法然は、「私は門弟に、他の仏にも敬意を払えと教えています」と逃げるのですが、ここで「阿弥陀如来以外は認めない」と答えていれば、完全に一神教となる。キリスト教の「神の前の平等」に対して、浄土宗は「仏の前の平等」を説いたわけです。

その平等志向をさらに強めたのが一向宗の教えといえます。これがなぜ戦国時代に爆発的に広がり、織田信長ら戦国大名を最もてこずらせる強敵になったのでしょうか。

一向宗が広がり、激しい一揆などを起こした地域を見てみると、北陸、中部、近畿など、生産性の高い当時の先進地域でした。そうした地域で発達してきたのが、「惣村《そうそん》」と呼ばれる自治的な組織です。網野善彦さんなどは「中世の惣村こそ平等な社会だった」と評価していましたが、実態は少し異なります。だいたい地主層、自立した小農、小作層の三つくらいの大きな層に分かれ、完全な平等とはいえないのですが、単純な上下関係でもなく、複雑に入り組んだ従属関係が結ばれてヨコに広がっていくのです。だから、惣村には独裁的なリーダーは出てこない。そこに一向宗が入ってくると、「仏の前での平等」が形成され、強い団結力を発揮するようになるのです。また一向宗が広がる速さには、一神教的な強い伝播力が感じられます。

織田信長がジェノサイド（虐殺）を命じた相手が一向一揆だったのも偶然ではありませ

ん。長島で二万人、越前では一万二千人を虐殺しています。信長が目指したものは、自らを頂点としてピラミッド型、タテの支配体制を作り上げることでした。惣村＋一向宗の平等型の共同体は、それと真っ向から対立する原理だったのです。

日本の宗教史において、白村江の戦いに次ぐ「外圧」は戦国期のキリスト教伝来でしょう。興味深いのは日本にやってきた宣教師がバチカンへの報告書に「自分たち（カトリック）と類似する教えをもち、ライバルとなるのは浄土宗である」と書いていることです。

そこから考えると、信長が構想し、豊臣秀吉や徳川家康が実現したピラミッド型の社会秩序にとって、「神の前の平等」を掲げるキリスト教は共存できない相手だったのかもしれません。映画『沈黙』で描かれているのは、江戸時代の酸鼻《さんび》なまでの弾圧ぶりですが、逆に言うと、そこまでしなくては排除できないほど、キリスト教の浸透力が強かったともいえる。

もうひとつ、秀吉がキリスト教を恐れた理由には、彼の周辺の武将たちが続々とキリシタン大名になったこともあるのではないでしょうか。しかも、高山右近、蒲生氏郷《がもううじさと》、黒田如水、細川忠興、小西行長と錚々《そうそう》たる顔ぶれで、知的レベルの高い人ほどキリスト教に惹かれている。彼らは、西欧の文化文物への関心だけでなく、キリスト教の教理学のもつ論理的な考え方にも魅力を感じたのではないかと思うのです。

## 江戸のお寺は「役所」化した

江戸時代の仏教で思い浮かべるのは、寺町の風景です。町の一角にお寺がいくつも並んでいるのですが、日蓮宗の隣に禅宗、その隣に浄土真宗といったように、宗派の違いなど関係なく並べられている。つまり江戸幕府のもとでまとめて管理され、宗派の意味さえ限りなく希薄になってしまった光景だと思うのです。

さらに江戸時代のお寺は、一種の役場的な役割も課されました。住民を檀家《だんか》として特定の寺院に所属させる寺檀《じだん》制度です。寺は、その住民が自分の檀家であるという寺請《てらうけ》証文を発行するなど、住民管理を担当させられるかわりに、葬式やお布施などの収入を独占でき、収入源を確保します。かくして仏教は完全に国家体制のなかに組み込まれました。

かつての南都六宗や、中世の禅宗が果たしていた知的な役割、思想性は儒教が担うようになります。伊藤仁斎や荻生徂徠など、江戸の思想として後世からも評価される学者たちは儒教から出てくる。

先の撫民の思想との関連でいえば、殺すか殺されるかを日常とした戦国時代を経て、江戸幕府が本当の意味で、民への慈《いつく》しみを念頭に置いた統治を考えるようになるのは、第五代将軍徳川綱吉の頃だったと考えます。後に「犬公方」と揶揄されることが多い綱吉ですが、「生類憐《あわれ》みの令」とは、実は将軍自らが、それまでの殺生は当たり前という意識を改め、生き物、生命を大事にしようと呼びかけたもので、捨て子や老人、病人といった弱者保護も謳《うた》われていました。ちなみに綱吉は幼少期から儒教を熱心に学び、儒学学習の拠点として湯島聖堂を建てています。

## 無理を重ねた「国家神道」

そして、キリスト教伝来に続く第三の外圧が、幕末の黒船来航でした。このときも日本は白村江の敗戦のときのようなアイデンティティの危機を迎えます。そこで明治政府が打ち出した方針は、天皇を中心とした国家づくりを思想的に補強するために、仏教や儒教といった外来の宗教ではなく、日本古来の神道をもってくることでした。

しかし、これには無理があったことは否めません。思想的バックボーンといっても、神道の本質は安定&まったりの多神教です。それを「国家神道」として天皇中心の一神教的な体裁に整え、欧米の強力な一神教国と渡り合うには、無理に無理を重ねるほかありませんでした。

しかも明治維新でいきなり表舞台に引っ張り出されるまでは、肝心の天皇はむしろ仏教とのつながりの方が強かったほどです。そこで邪魔な仏教を排除しようとしたのが廃仏《はいぶつ》毀釈《きしやく》でした。このとき、どれほど貴重な文化遺産が破壊されたか、歴史学者としても胸が痛みますが、こうした神道原理主義的な騒動も一過性のものに過ぎませんでした。結局は江戸以来の葬式仏教と、建前としての天皇教が共存するのです。

こうして近代の宗教政策は迷走したまま、第四の外圧、敗戦を迎えます。そこで起きたのは、宗教そのものの軽視、喪失です。天皇教が否定された後、特定の宗教を信仰していることと自体が特殊であるかのような状況が続いています。しかし、この激動の世に、心の拠りどころとなりうる宗教を見失ってしまった私たちがどこへ向かうのか。いまこそ改めて問い直す時期かもしれません。

# 第三回　土地を知れば日本史がわかる

## 「栄光の古代」に異論あり！

今の日本人にとっても、生涯で最も大きな買い物は何かといえば家であり、土地でしょう。ことに近代以前は、土地は生活のベースであると同時に、最大の生産基盤でした。だから、土地を語ることは、日本人の生活を語ることに等しい。土地のあり方に着目することで、日本の歴史の大きな流れが見えてくるのではないか。そんな大それた意気込みとともに、話を始めたいと思います。

日本の土地制度の歴史として、教科書などでも最初に登場するのが「律令制」であり、「公地公民」です。すべての土地は公＝天皇のものであり、土地の私有は認めない。全国でつくられた戸籍に基づいて、班田収授法《はんでんしゅうじゅ》が制定され、ひとりひとりに耕地（口分田《くぶんでん》）を与えて、そこから租庸調《そようちょう》などの税を収めさせた。ところが、こうした律令に基づく土地制度はやがて崩壊して、私有的な荘園が生まれてくる――。すごくおおまかにいうと、こんなふうに教わってきたかと思います。

しかし、私はこうした説明には異論があります。もっと踏み込んでいえば、実態とかけ離れた、フィクションに近い説明なのではないか、と。

ここで、ちょっとだけ遠回りをさせてください。日本史の語られ方で、私がかねがね気になっているのは、いわば「栄光の古代」史観とでもいうべきものです。文学でいえば『万葉集』『源氏物語』。建築では法隆寺などをはじめとする寺院建築、大人気を集めている興福寺の阿修羅像に代表される仏教美術……。これらこそが日本文化の源流であり、輝かしい遺産であるという考え方です。それは社会制度にも及び、古代に中央集権的な国家秩序が成立していた、とする歴史観は根強く残っています。

そして、それが鎌倉以降の中世で崩壊し、戦国の動乱を経て、近世、もしくは明治維新で立て直したという見方につながっていく。「栄光の古代」史観は、「暗黒の中世」史観でもあるのです。

しかし、それは本当なのか？　私たちが古代の日本をイメージする文化文物は、高度な大陸文化に接することのできた都に住み、特権的な生活を謳歌《おうか》できた、ごく一部の人々のものであり、一般の社会とはおよそかけ離れたものだったことをきちんと認識する必要があります。

## 非現実的だった「律令制」

土地の話に戻ると、たしかに残された律令の条文には、整然たる土地や租税の制度が記されています。しかし、その実態はどうだったのか、という問いが必要なのです。

そもそも律令制の根幹ともいえる班田収授法からして、現実に機能していたとはとうてい思えません。

この制度は簡単にいえば、六歳になると、領民は田を与えられるというものです。男子は二段《たん》、女子はその三分の二。これが六年に一回行われて、領民が死ぬと土地は公に返される。

これ、よく考えると、大変な制度なんです。まず人口と土地をきちんと把握し、管理していなければならない。しかも、個人に土地を振り分けて、六年ごとに更新するわけですから、十分な行政能力が必要になります。ひるがえって現代の日本でさえ、「消えた年金」問題が起きたり、亡くなったはずの老人に年金を支給し続けていたりといった事件が世間を賑わせました。それくらい人間がどこに住んでいるかをきちんと把握するのは難しいのです。

さらにいうと、当たり前のことですが、古代の日本で文字を読める人はごくごく一部です。どんなに立派な律令を作ったところで、いったい誰がこれを読み（もちろん全文漢字です）、誰が守ったのか。そう考えていくと、「律令に基づいた古代の土地制度」という理解がどれほど実態を反映しているのか、疑問としか言いようがありません。

では、「実態」はどんなものだったのか。史料もわずかしか残されていない古代のこと、分からない点も多いのですが、大筋はこんな感じだったと考えられます。

当然のことながらヤマト王権が確立する前は「公地公民」も何もありません。地域ごとに「王」、いわゆる豪族が生まれ、それが近畿のヤマト王権を中心に、連合体を形成していきます。それが一大転機を迎えたのが、また出ましたね、「白村江ショック」でした。

この敗戦の後、ヤマト王権は生き残りを賭けて、必死の国家作りに着手します。大陸の進んだ制度を参考にしながら、朝廷を中心とした体制強化をはかった、その中核が「律令」の導入だったのです。

しかし当時の超先進国である唐と日本とでは、社会の発展段階が大きく異なっていました。唐で作られた律令の文章を読み、それを日本流に手直しして「形式」を整えられる、ごく一部の「知識人」はいても、そこに書かれている「内容」を実現できるだけの行政システムもなければ、インフラも未発達、支配の対象となるような「公民」というまとまりも未だ成熟していなかった。実際に形だけでも律令に従っていたのは、せいぜい古代朝廷の構成員である近畿の豪族、それと連携した地方豪族の一部に過ぎなかったと思います。

また律令の輸入の仕方にも、日本独特の偏りがありました。本家中国の律令体制を支えるのは、土地・租税制度と人事システムです。しかし、中国では隋の時代から科挙という試験による官吏登用が行われたのに対し、日本ではついに科挙は本格的には導入されませんでした。土地と人事では、圧倒的に土地政策を優先している。それだけ国防など新体制づくりのための税収を必要としていたのだともいえるでしょう。

では、律令には意味はなかったのか？　そんなことはありません。律令が示しているのは、古代日本の統治の実態ではなく、天皇＝国家が掲げた「理想」だったからです。土地はすべて天皇のものである〝べきである〟。だから税（租庸調）を収める〝べきである〟という「理想」がそこで示された。この「古代の現実」とはかけ離れた「理想」は、その後も生き残り、日本の土地制度に大きく影響するのです。

では「理想」ではない、「古代の現実」はどのように展開したのでしょうか。まがりなりにも班田収授を行っていた地方でなされていたのは、とりあえず「取れるところから税を取り立てる」という収奪的な支配だったと思われます。だから、その土地を離れて、「逃亡」「浮浪」となる農民がたくさん出ました。律令制はあっという間に行き詰まる。というより、そもそもの非現実性があらわになります。

さらに問題となったのは、もともとの農地が少ないことでした。そこで開墾《かいこん》が奨励され、七二二年に「百万町歩《ちょうぶ》開墾計画」が出されるのですが、これがまた机上の空論としかいいようのないものです。当時はブルドーザーもないから、木を一本取り除くのに、ひとつひとつ手掘りで根を起こすしかなく、効率よく進めようとすると、牛馬の力が必要になります。しかし、当時、牛馬を養えたのはごくひと握りの人々でした。

十世紀ごろになっても、台帳に把握されていた農地は、全国で百万町歩に満たなかったほどです。そんな状況で、百万町歩の開墾がいかに荒唐無稽《こうとうむけい》かは明らかでしょう。

そこで翌七二三年には開墾した土地は子、孫、曾孫の三代にわたって私有していいという「三世一身法《さんぜいっしんのほう》」が出され、さらに七四三年には「墾田永年私財法《こんでんえいねんしざいほう》」が出されます。つまり開墾した土地は私有してよい、というもので、最初は親王なら五百町歩、庶人なら十町歩といった厳密な規定がされていましたが、これも守られなくなっていく。

こうして公地公民は崩壊していった、と教科書なら書くところですが、私は少し違う見方をしています。最初から公地公民などという「実態」はなく、土地を開いた者がその土地を自分のものにするという「現実」を法律として追認していっただけのことではないのか。つまり、「三世一身法」「墾田永年私財法」は、より「実態」に近づいていくプロセスだったと考えられます。そして、平安期になるとだんだん「荘園」というものが生まれてくるのです。

## 荘園は「口利き」の体系

そこで「荘園」です。荘園についてうまく教えられたら高校の歴史教師として一人前、とよく言われたものですが、今回は、一枚の図を作ってきました。

まず、土地を開墾する当事者がいる。これを「開発領主」とします。その際には、地方の役所である「国衙《こくが》」（今で言えば県庁とイメージしてください）と話し合い、たとえば三年の間は免税といった条件を取り決めます。肥後国鹿子木荘《かのこぎのしょう》という有名な荘園でいえば、この開発領主は沙弥寿妙《しゃみじゅみょう》さんというお坊さんです。

そして月日は流れ、この土地を相続した子孫の中原高方《なかはらのたかかた》（開発領主の子孫です。こうした人を在地領主と呼びました）のときに事件は起きます。要するに土地を奪われそうになる。奪いに来る勢力の代表的な存在が、先に出てきた国衙です。つまり役所が、開発した土地を召し上げようとするのです。ここで登場するのが「律令」という理念です。もとも

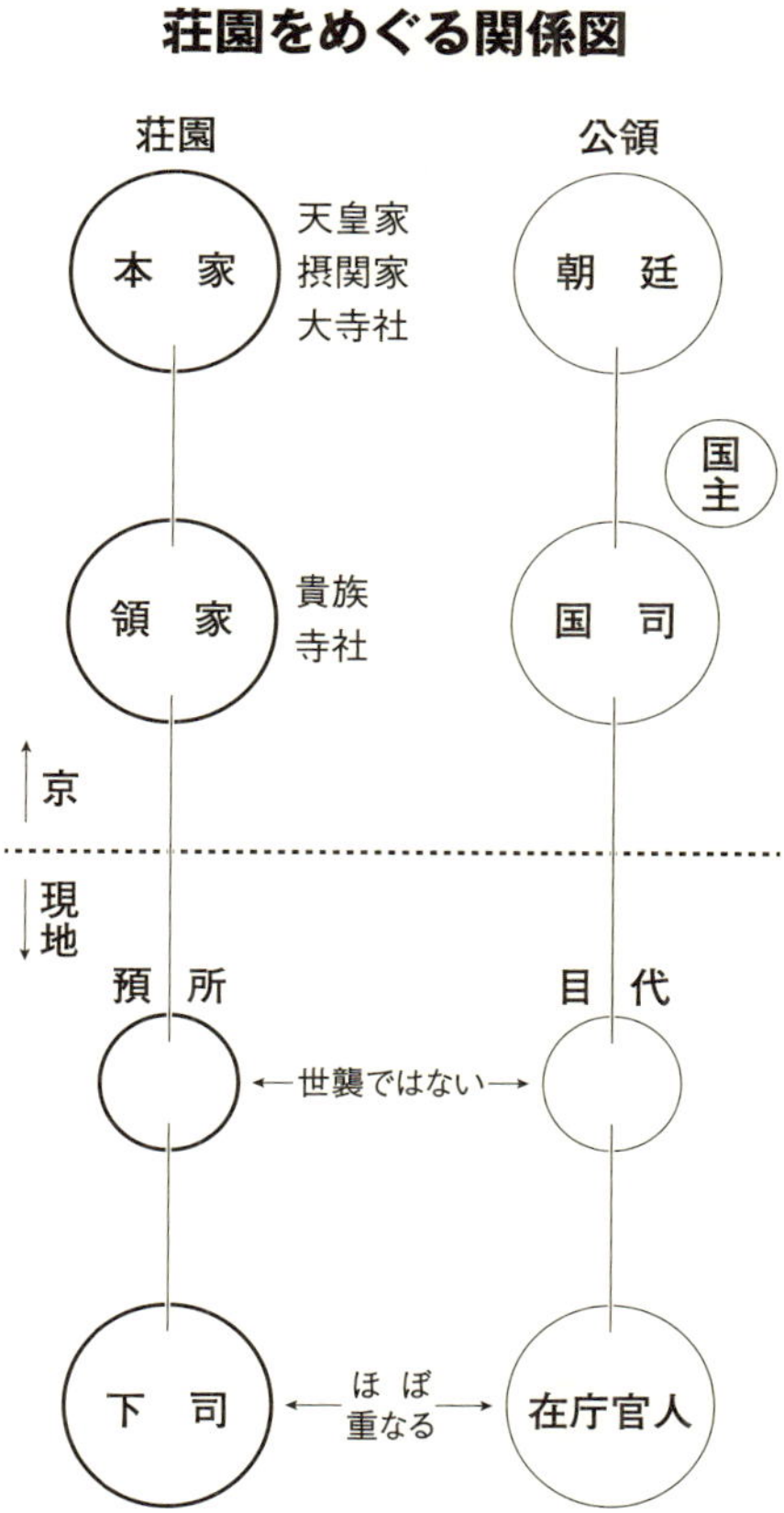

とすべての土地は天皇＝国家のものなのだから、開発された土地も本来、国＝国衙のものだという理屈で押してくるわけです。

しかし、せっかく開墾した土地を奪われてはたまりません。国衙を司るのは、国司に任じられた中央の貴族です。そこで在地領主は、国司を黙らせることができるだけの力を持った人、中央の貴族や大きな寺社などに保護を求めるのです。中原高方の場合は、藤原実政という貴族に「毎年必ず四百石を送ります（年貢）。だから土地を守ってください。うるさい国司に手を引くよう言ってください」と手紙を書きました。つまり、口利きを頼んだのです。よく教科書などでは「土地を寄進した」という表現が出てきますが、「寄進」とはこの口利きの依頼なのです。

このとき藤原実政が「上司」、中原高方が「下司《げし》」となります。こうした関係が生じた土地のことを「荘園」と呼びます。この荘園の場合は「下司」を「預所《あずかりどころ》」と呼んでいますが、他の多くの土地では「下司」と呼ばれています。

ところがさらに代が下り、藤原実政は、中原から送られる年四百石の権益を血縁者に譲り渡していきます。そして藤原隆通、出家して願西という人物が上司になるのですが、彼には荘園を守るだけの実力がなかった。そうなると、願西もまた、自分よりさらに上の人を頼るしかありません。そして高陽院内親王《かやのいんないしんのう》という皇族に「四百石のうち二百石をあげるから守ってください」ともちかけます。このとき高陽院内親王が「本家《ほんけ》」、願西が「領家《りょうけ》」になります。またこうした役職であり、利益の配分を受けるポジションを「職《しき》」という言い方をします。下司職、領家職、本家職とも呼ばれるこの関係を、「職の体系」といいます。これは「天皇」の章でも登場しましたね。本家になれるのは、だいたい天皇家、摂関家といった貴族社会のトップや、伊勢神宮、賀茂神社のような大寺社です。これよりも上はないから安心、というわけです。

これがいわゆる「寄進地系荘園」です。形の上では京都に本家、領家があり、地方にその代理人として下司がいることになりますが、その実態は下司＝在地領主が自分の土地を守るために領家、本家に口利きを頼むという関係でした。

## 任地に行かない国司たち

一方、荘園以外の土地はどうなっているのか。ここでは公地公民の建前が生きていて、「公領《こうりょう》」と呼ばれます。この公領を支配するのが国衙であり、その長である国司です。朝廷によって国司に任命されるのは、中央の貴族たちでした。

後には国主もしくは知行国主といって、国司のさらに上の地位が設けられます。国主は、国司の任命権を持ち、国に収める税以外は一国の収入をすべて懐《ふところ》に入れられる。この地位に就くのは、中央で国政を預かるような上級貴族たちでした。

平安の初期にはまだ地方に直接赴いて、実際に土地の管理に精を出す国司もいました。地方で取り立てた税収で蓄財する貴族も少なくありませんでしたが、平安も中期以降になると、貴族たちにとっては京都での序列と栄華こそがすべてになる。そうなると国司になっても、自分は任地に行かずに、家臣たちを送り込んで、現地から上がりだけ送らせるようになります。一種のサラリーと化してしまい、地方経営という意識は乏しくなるのです。

国司が地方に行くのを嫌がるようになると、実際に地元を押さえ、土地の管理や徴税などを行うのは、国司に任命された「目代《もくだい》」という京都の下級の官人でした。彼らは現地に赴き、国衙の役人たちである「在庁官人」を指揮して、地方の経営にあたったのでした。

ここで重要なのは、荘園と公領の支配システムが実は同じだということです。七十五ページの図を見ればわかりやすいと思いますが、公領の場合、朝廷が荘園における本家にあたり、国司が領家に、そして在庁官人は下司に対応している。

しかも、この二つは所属している階層も同じなんですね。下司＝在地領主と在庁官人は、現代にたとえてみれば、地元企業の経営者と市会議員あるいは市役所のボスのようなものです。ともにつるんでいる仲間同士だったり、時には両方かけもちしている奴もいる。同様に、領家となる貴族層から国司が任命されるし、朝廷のメンバーである皇族、上級貴族が本家になる。つまり荘園も公領も根っこは同じ「職の体系」という上下関係によって成り立っているのです。

## 土地システムが武士を生んだ

この「職の体系」には大きな問題がありました。ひとつは、この土地の持ち主が誰なのかがはっきりしないことです。下司職、領家職、本家職のいずれも、土地の権利を一部だけ持っている。しかし、土地まるごとの権利は誰も持っていないという、きわめて不安定な状態です。つまり所有権が未成熟なのです。この問題は、鎌倉幕府の崩壊のところで、また詳しく説明します。

さらに在地領主にとって切実な問題だったのは、中央にいる領家、本家が年貢（実は口利き料）だけは取るけれど、本当のところ、あてになるかどうかは分からない、ということでした。

実際に、在地領主の土地＝荘園がほかの勢力に侵害されたらどうするか？　中央の領家や本家は駆けつけてはくれません。都はあまりに遠い。もっといえば、領家や本家に問題を解決するだけの力が本当にあるかどうかも定かではない。

このあたりの事情は、国司が地方への赴任を嫌がるのと同じ構造です。荘園からの収入は完全にただの利権となっていて、在地に対する義務というか、土地の保障というサービスが伴うという感覚がきわめて希薄になっていきます。だから、領家、本家は、まさに土地が奪われそうになっている緊急事態にはほとんど役に立たないといっていい。

なぜ、そんな無力な領家や本家にわざわざ年貢を収めてまで、頼るのか？　それは他に頼りになるものがなかったからです。せめて偉い人の名前を掲げておけば、手を出しにくくなるだろう、その程度の効き目でも、ないよりはましだ、と。

中央があてにならないとなると、地方の在地領主たちはどうするか。自力救済です。とりあえず土地を奪いに来た相手を、実力で撃退するほかない。自ら武装して土地を守る。これが武士の誕生です。荘園という土地支配のシステムが、必然的に武士を生んだのです。

当時、国衙では四年に一度、大きな狩りを行って、土地の神様に祈りを捧げました。この狩りに出られる者（在地領主層）までが「武士」です。それには乗馬、弓矢の扱いという特殊技術を必要としました。彼らからすると、武士だと認定されることは「自分にはそれだけの力があるから、手出しするな」というアピールになった。

彼ら武士は互いに結託して、血族などを中心に仲間内の相互安全保障を志向します。そのグループの代表的存在が平家であり、源氏なのです。

## なぜ頼朝は「代表」に選ばれたか

そして、話は鎌倉時代に入っていきます。

地方の在地勢力は仲間を集め、仲間内の土地には手を出さないなどの取り決めを結びますが、それだけではまだ足りません。なぜなら「職の体系」があって、土地の権利の一部は依然として京都の本家や領家が保有しているからです。彼らが在地の下司に「お前の利権は保障しないぞ」と横槍を入れるなどのケースは稀ではありませんでした。

そこで在地勢力＝武士たちは、自分たちの「代表」を必要としました。その条件は、在地領主たる自分たちの論理に立ってくれること、いざというとき自分たちの権利を守るために武力行使も辞さないこと、そして京都との交渉力があることです。

そこで登場したのが源頼朝だったのです。頼朝と主従関係を結んだ武士たち＝御家人が頼朝に求めたものは二つです。新恩《しんおん》の給与と本領《ほんりょう》の安堵《あんど》。新恩の給与とは、頼朝のために命懸けで戦い、褒美《ほうび》として新しい領地をもらうことです。しかし、それ以上に重要だったのは、本領、もともと持っている土地を保障してもらうこと（＝安堵）でした。

では、頼朝はどのようにして、彼らの権利を保障したのか。ここに伊勢国の波出御厨《はでのみくりや》という荘園（厨は厳密には荘園ではないが、同性格のものとしてよい）があります。頼朝は、これを島津忠久に与えるという「下文《くだしぶみ》」を書いている。といっても、所有権が未熟なので、土地すべてを与えるわけではない。この下文に言われていることは、島津をこの荘園の「地頭《じとう》」に任命するということです。頼朝と主従関係を結んだ下司が、「地頭」なのです。

地頭＝下司に任命された島津忠久が誰に税金を払うかというと、頼朝にではありません。もともとの本家であった伊勢神宮に収める。だが島津の地位は頼朝が責任をもって保証する。そのかわり、頼朝は島津忠久に「奉公」すなわち軍事行動をすることで恩を返せ、と求めます。これなら天皇家を頂点とする本家、領家の懐はいたまない。頼朝は「職の体系」を否定することなく、独自の支配体制を作り上げたわけです。

とはいえ、在地領主＝武士の方では、自分たちの権利を守るために鎌倉幕府という新しく強力なコミュニティをつくったのだから、もう京都の本家、領家に年貢を払いたくないという意識が高まってきます。だから鎌倉時代には、土地を巡る裁判が頻発する。地頭が土地の管理全般を請け負う下司となる「地頭請《じとううけ》」、荘園領主側と新たに任命された地頭が領地を分け合う「下地中分《したじちゆうぶん》」などの解決策がはかられますが、幕府にとって一番大きな仕事は、土地の権利の裁定だったといっても過言ではないでしょう。幕府の行政と裁判は大きく「所務沙汰《しよむざた》」と「雑務沙汰《ざつむざた》」に分かれていますが、この所務沙汰が土地関係で、その他をみんなひっくるめて雑務沙汰。明らかにメインは土地問題なのです。そのときに明示的な法が必要だということでつくられたのが有名な「御成敗式目」です。だから「御成敗式目」でも土地関係の紛争への対処は最大の眼目になっているのです。

## 銭が滅ぼした鎌倉幕府

このように、鎌倉幕府は土地の管理を基盤にした政権だったのですが、それを脅かしたのが銭の流入です。これまた教科書では、「日本最古の貨幣は七〇八年につくられた和同《わどう》開珎《かいちん》です」などと書いてありますが、これは実際には流通しなかった。流通しない銭なんて銭じゃない。本当の意味で銅銭が中国から大量にやってくるのは平清盛の時代からですが、それが鎌倉時代に本格化します。入ってくる量の桁が違ってくる。貨幣経済が日本の隅々にまで浸透するのは、十三世紀の半ば、一二二五年から一二五〇年くらいのことだとされています。それがなぜ分かるかというと、土地を売るときの証文をみると、それまではコメで売り買いされていたのが、この時期に銭に変わるのです。

そこで商品経済が動き出す。圧倒的に不動産中心だった社会のなかで、動産の世界が膨張していきます。これまで倹約一本槍できた武士たちも、この流れに飲み込まれていく。そこで始まるのが土地の切り売りです。いわば鎌倉版「士族の商法」で、経済的に窮乏する御家人が増えてくる。「士族の商法」というと、侍が慣れない商売に手を出して失敗するというイメージですが、その本質は、世の中の経済の流れに対応できなかった、置いてきぼりを食ったということなんですね。私は鎌倉幕府が潰れた最大の要因は、貨幣経済の発展にあったと考えています。

## 「御家人ファースト」と徳政令

さらに、そこに追い打ちをかけたのが外圧でした。具体的には蒙古襲来、元との戦争です。

それまで鎌倉幕府は戦によって新たな領地を得ていた。最初は平家の領地、承久の乱ではついに朝廷、貴族の土地も手に入れる。そして、それを新恩として御家人に配るのです。だから新恩は全国に散在することになる。もともとの本領が千葉にあって、次の領地は広島、その次が福岡という感じで、新しい領地には次男、三男が派遣されたりする。そうやって関東の武士が全国に広がっていったのです。

ところが相手が海の向こうの元では、必死で戦ってなんとか撃退しても、配るべき土地は獲得できません。重い軍事費を負担した御家人はますます経済的に窮乏し、不満が膨れ上がります。

ここで幕府のなかで、二つの勢力が争います。

鎌倉幕府とは何か。そのおおもとは、幕府と主従関係にある御家人を保護することにあります。しかし、武士たちが実権を握り、知識や教養を身につけるにつれて、統治者意識に目覚めてくる。ことに承久の乱で朝廷を倒してからは、自分たちは日本全体の統治者なのだという責任の意識があらわれてきます。

二度目の元寇から四年後の一二八五年、霜月騒動《しもつき》が起こります。私の考えでは、これはオール・ジャパン派と御家人ファースト派の争いでした。オール・ジャパン派のトップは、安達泰盛。彼は元寇の後に、「御家人以外の武士にも褒美を出すべきだ」と主張します。つまり、御家人だけの幕府ではなく、全国規模の統治を目指そうとしていた。

それに対して、北条得宗家の執事である内管領《うちかんれい》・平頼綱らは、あくまでも御家人のための幕府を志向します。勝利したのは彼らでした。

こうした「御家人ファースト」の論理から発せられたのが、徳政令です。徳政令というと借金を棒引きにするというイメージが強いのですが、そこでは「御家人が売った土地を返しなさい」と命じられている。これはさすがに無理な話で、その結果、御家人から土地を買ったり、お金を貸したりといったことが怖くてできなくなる。結局、御家人の困窮はますます深まっていきます。

ここで押さえておきたいのは、こうした徳政令が出される背景には、所有権の未成熟があることです。土地を売ったあとでも、もともとこれは頼朝様から安堵していただいたものだから返してくれ、といった論理がまかり通ってしまう。要するに、「売り買い」という概念自体が確立していない。不動産でさえそうなのですから、それ以外の商品についてはなおのこと。だから、この時代の商売はとてもリスクの高いものだったわけです。

そうなると、商いをする人々はいかにして自分の利益を守るのか？　そこでまた登場するのが自力救済、武力による安全保障です。だから近畿地方のように、生産力が豊かで貨幣経済が進んだ地域ほど、土地の原理とは異なる基盤を持った武士たち、いわゆる「悪党」の行動が活発になってくるのです。

## 婆娑羅大名の苛立ち

そうした悪党をはじめとする非御家人層を糾合したのが護良《もりよし》親王だったといえるでしょう。楠木正成などの旗頭となって粘り強く頑張り抜くことで、もう幕府は限界だということを満天下に知らしめていく。そこで御家人たちのトップグループのひとり、足利尊氏が「もう今の幕府はダメだ。俺が新しい幕府をつくる」と宣言するや、わずか一カ月で鎌倉幕府は倒れます。

そして京都に室町幕府を開くのですが、ここで問題になるのは、なぜ足利政権が京都を選んだかです。ひとつには、銭への対応です。鎌倉幕府は貨幣経済に対応できずに滅んだ。だから新政権は、貨幣経済の中心地である近畿に拠点を置いた。

もうひとつは足利政権が弱体だったからです。そのために、朝廷などの京都の旧勢力と交渉しながら、政権運営を行わざるを得なかった。

これは前にも登場したエピソードですが、武家政権と天皇の関係をよくあらわしているので、もう一度。初代将軍尊氏を補佐したナンバー2の高師直は、「天皇だの上皇だのは必要なら木彫りや金属の像で造ればいい。生きている天皇は島流しにしてしまえ」と言い放ったという。いかにも権威を恐れない婆娑羅《ばさら》大名らしい物言いですが、じゃあ天皇をなくせばいいのに、それはできない。木彫りや銅像であっても、天皇なしには彼らの統治は成り立たないことをよく知っていた。この暴言には、それゆえの苛立ちが込められているとみるべきでしょう。

なぜ天皇が必要なのか？　その根本的な要素のひとつが、土地です。つまり室町幕府は、複雑な土地の権利関係を整理することができなかった。もっと言えば、旧来の「職の体系」を超える論理が組めなかった。「職の体系」を温存するということになれば、朝廷や貴族を排除することはできない。

このジレンマを解決できなかったことが、最終的には応仁の乱を引き起こす原因のひとつになったと思います。将軍家―有力守護―御家人―地元武士は、相変わらず「職の体系」のような曖昧《あいまい》な力関係で結ばれていて、将軍も有力な守護大名も決定的な統治権を発揮できない。だから、上で手打ちをしても、下は関係なしに争い続け、そのうちに上で結ばれた合意も揺らいでいくという泥沼が繰り返されることになる。

これを乗り越えたのが、戦国大名でした。

## 信長がもたらした「自由」

戦国大名とは何か。その本質は土地を通して考えるとよくわかります。

たとえば今川義元や武田信玄は、自国の領地について、もはや外部の誰をも頼りません。駿河国の土地の所有は、すべて今川義元が保障します。それを支えるのは、もちろん今川家の武力です。だから、もう中央に税を払うこともない。ここにおいて、「職の体系」は否定され、新たな土地所有の権利が確立するのです。

限られた地域ではあるが、自分の領国において、自分で土地の安堵をできる存在。これが戦国大名の画期性でした。

そして、これを徹底的に進め、「天下」を統治しようとしたのが、織田信長だったといえます。信長が浅井長政を滅ぼしたあと、秀吉に「浅井領をやる」と言ったときには、そこにある土地、生えている木も川に泳ぐ魚も、全部、秀吉のものになる。これを「一職《いっしき》支配」といいますが、権利の源が一元化される。そして、その権利を分有する形で、ある村は秀吉の家来の所有となる。さらにいえば、農民たちは秀吉に税を収めることで、自分たちの土地に対する権利を認めてもらうのです。この所有権の確立を動産について適用したのが、楽市楽座だといえるでしょう。

たとえば、現代の日本で日本銀行券という紙片が商品やサービスと交換できるのは、日本政府の統治能力を誰もが信用しているからです。つまり、売買や所有を支えるのは、国家の統治能力です。

信長が実現しようとしたのは、こうした一元的な統治権力による、所有権の保障だったといえます。もう「職の体系」のように、ひとつの土地に対して、複数の人間が所有を主張して、収拾がつかないということは起こらない。こうしたヴィジョンは豊臣秀吉、そして徳川家康に受け継がれた。私はそう考えるのです。

唐突ですが、哲学者ヘーゲルは「自由」とは「所有」であると書いています。ちゃんと日本史の話に着地しますから、安心してください。ヘーゲルによると、自分の身体を自分で所有する、誰にも奪われず、誰にも侵害されないことが「自由」の初めのかたちなのです。そして、歴史は自由の相互承認として展開される、とも述べています。互いの所有権を認め、侵害しないことを取り決める。

これって、これまで述べてきた日本の土地の歴史そのものではありませんか？　しばしば日本において「自由」とは、西洋からもたらされた借り物の概念だといわれます。しかし、土地の歴史をみると、そうではなく、日本社会の内在的な発展として、「所有」や「自由」が確立してきたことが分かるのです。

# 第四回　軍事を知れば日本史がわかる

## 軍事＝悪か？

軍事がわからないと日本史はわからない。と言っても、別に私はタカ派でもなんでもありません。事実に基づいてこの国のあり方を考えていく上で、軍事というものの考察は非常に重要だ、と言いたいのです。

そもそも鎌倉時代から明治維新に至るまで、日本の政権を握ってきたのは武士と呼ばれる軍人だったことは紛《まぎ》れもない事実です。もっと言えば、軍事的な安定、安全保障がどの程度確保されていたかが、その時代の政治や経済にも大きな影響を与える。これは昔も今も変わりません。

にもかかわらず、ことに太平洋戦争ののち、軍事史の研究はなおざりになってしまいました。

その原因のひとつはやはり敗戦のショックでしょう。何百万人という犠牲を出したことで、戦争＝悪、軍事＝悪であるという認識が日本国民のなかに刷り込まれた。これは心情的にはよくわかります。

そして、もうひとつはイデオロギー的なものです。戦後、皇国史観を奉じてきた歴史家たちがパージされると、今度はその反動でマルクス主義的な唯物史観が勢いを持つ。そのなかで戦前の軍国主義の否定から、軍隊＝悪、自衛隊＝悪という図式がつくられてしまった。こうした事情で、トータルな歴史科学としての軍事史研究はほとんど進まなかった、というのが私の考えです。

軍事史というと、英雄的な武将の活躍、血湧き肉躍る合戦の勇ましさ、いわゆるドンパチをイメージされるかもしれません。私もそうしたお話は嫌いではありませんが、今回、論じてみたいのは、もっと広い意味での軍事です。それは、その時代の政治、外交、経済、科学技術などとも密接に結びついています。

## 戦術の工学、戦略の政治学、兵站の経済学

まず軍事を大きく戦術、戦略、兵站《へいたん》の三つに分けることにしましょう。

個々の合戦や城郭のあり方、陣形の敷き方などに当たるのが戦術ですが、これは、その時代の技術力と深く結びついています。兵器、土木建築、用兵をはじめとして、地理、気

象などに至る技術のあり方が、そこから見えてきます。

ちなみに、戦後、日本史のなかの軍事に注目してきたのは、歴史小説や「歴史読本」などの歴史雑誌、それから郷土史などの研究者たちだったと思います。そうしたところで個々の合戦や城郭や戦法などが論じられてきました。

しかし本来ならば、こうした戦術面での研究に、軍事の専門家である軍人の知見は大いに活かせるはずです。個人的な興味をこめて言うならば、「島津の釣《つ》り野伏《のぶ》せ」という戦法が後世に語り伝えられていますが、あれは現実に可能だったのか。敵の兵力が優っている状況で、わざと退却し、相手が追撃してきたところを、法螺貝《ほらがい》や太鼓の合図で、待ち伏せしていた兵が包囲して反撃する。こんな難易度の高い戦法、ちょっと考えると不可能としか思えない。そうした問題を、たとえば防衛大学校などと共同研究できないものか。戦後七十年あまりを経た現在、そうした冷静で科学的な研究は可能だと思うのですが。

さて、技術としての戦術に対して、戦略は、まさに政治、外交に近接しています。たとえば戦争をするにしても、何のために戦うのか、誰とは戦い、誰とは同盟を結ぶなどして戦わずに済ませるのか、どうやって終わらせるのか、といった問題に直面する。これらはすべて政治問題であり、外交問題でもある。

さらに兵站＝ロジスティックスとなると、今度は経済と密接に関係します。兵站とは一言でいえば「いかに兵隊さんを食わせるか」。人を抱え、彼らに必要な装備を与えて、十分に食べさせて養わなければならない。

その意味で常備軍というものは、大変にコストがかかる。兵力が多い方が戦争に有利なのは当たり前ですが、たくさんの兵を抱えると財政上非常に重い負担となる。だから、洋の東西を問わず、平時にはいかに常備軍を少なくするかに腐心するわけです。

ところが日本ではこの兵站の問題はずっと軽視されてきました。昭和史などでも、戦前の日本軍は兵站を軽んじたと批判されますが、これは歴史的に見ても言えることです。たとえば南北朝時代、『神皇正統記』を著した北畠親房の息子、北畠顕家が東北地方の兵を率いて、近畿地方に遠征するのですが、兵站的には何の準備もせず、ただ行った先々で略奪を繰り返すだけ。本当の意味で、兵隊をいかに食わせて戦わせるかというテーマを真剣に考えたのは、織田信長以降じゃないかと思えるほどです。これは後で詳しく論じますが、兵站の天才といえるのが秀吉でしょう。だから大量の軍勢を動員することができたわけです。

逆に言うと、兵站がしっかりしていないと、たとえば何万人といった大規模の軍事行動は不可能です。そして兵站を整えるには、それを支える経済力が必要になってくる。経済を発展させるには、多くの民を安心して働かせなくてはならない。ここで統治＝民政の問題につながります。

つまり、軍事史を学ぶとは、いわゆる戦闘の勝ち負けだけではなく、その背後にある政治、外交、経済のあり方を学ぶことなのです。

## 富士川の合戦「二十七万人」は多過ぎる！

そこでまず考えたいのが、「戦争に勝つためにはどうしたらいいのか」です。なんだ、結局勝ち負けの話か、と言われるかもしれませんが、勝つために何が必要か、と真面目に考え、その条件が整っているかどうかを冷静に判断することは、とても大切なことです。

勝つために必要なものは何か。これは古今東西を問いません。第一は、敵を上回る兵力。第二は優れた装備。第三が大義名分です。

ではまず、兵力からみていきましょう。通説では敵の三倍以上、論者によっては六倍の兵力があれば確実ともいわれますが、それだけの兵を動員するためには何が必要か。それは、広い領地＝たくさんの領民＋収入ということになります。すなわち人口と経済力が鍵を握るわけです。

そこで重要なのは、現実にどのくらいの人数が動員できたのか、ということです。日本一有名な合戦といえば、関ヶ原の合戦です。しかし、実際にどの大名がどれだけの兵力で参加したのか、はっきりわかる史料はない。そこで今でも参考にされているのが、『日本戦史　関原役』（明治二十六年）。これは児玉源太郎がトップになって、陸軍参謀本部で編纂《へんさん》した戦史で、そこで用いられた兵力算定の公式は、「領地百石あたり三人の兵」というものでした。つまり一万人の軍勢を用意するためには三十三万石を領有する大名でなくてはならないというわけです。

これがどのくらい正しいかということも重要な問題なのですが、関ヶ原の少し前、秀吉の朝鮮出兵で、秀吉は九州の大名たちに「百石につき兵を五人出せ」と命じています。中国、四国地方は百石で四人、その他の地では百石で三人。だから加藤清正や小西行長といった九州の大名は二十万石で一万人の軍勢を用意しなければならなかった。先の「関ヶ原レート」と比較すると、これがいかに過酷な要求かがわかります。

こうして考えてみると、明らかにおかしいのが一一八〇年の富士川の合戦です。鎌倉から西へ攻めのぼる源頼朝ら源氏方と、それを迎え撃つ平維盛率いる平家方が駿河の富士川でぶつかったわけですが、『平家物語』はともかく、非常に重要な歴史資料である『吾妻鏡』にも平家方七万人、源氏方二十万人と書かれている。

しかし、当時、こんな大軍はいくらなんでもありえません。実際、当時の貴族の日記などには、平家は四千人の軍勢を集めた、これは見たこともない大軍だと記されています。つまり、二十倍くらいに水増しされているわけです。

応仁の乱で両軍合わせて二十万の大軍が京都で戦ったというのも疑わしい。当時の守護大名の兵力は多くて二千から三千。これが万の単位になるのは戦国大名になってからで、その意味でも、守護大名と戦国大名とでは、権力者としての実力が違う。

もっとも戦国時代に入って、川中島の合戦でも、兵力はだいぶ怪しい。武田家の事績などを記した『甲陽軍鑑』には、上杉一万三千人、武田二万人と書かれていますが、これもちょっと無理だろう。もっと規模が小さかったはずです。大体、戦争では自分の兵を多く言うのも、相手の士気をくじく情報戦という側面がある。だから、史料に書かれているからといって鵜呑《うの》みにはできません。

## 思想戦としての「大義名分」

少し横道に逸《そ》れましたが、戦争に勝つための条件の第一は、敵を上回る兵力。第二の優れた装備を整える上でも重要なのは経済力＋情報力です。これは戦国時代の鉄砲隊を考えればすぐわかります。まず大量の鉄砲、弾薬を買い集める経済力と、そもそも鉄砲という新兵器の情報、その運用に関する知識などが揃って、はじめて大きな効果を発揮するわけです。

この二つは、文句なく納得できると思いますが、問題は最後の「大義名分」でしょう。生きるか死ぬか、勝つか負けるかの即物的な世界で、大義などという抽象的なものにはたして意味があるのか？　そんな疑問が浮かぶのではないでしょうか。

しかし、歴史が教えるのは、まさに生死を賭けた戦いだから、大義が必要になる、ということです。何のために戦うのか、勝てば何が手に入り何を守れるのか。これを兵にきちんと説明できないと、兵は全力で戦ってくれません。ここで自分は命を落としても、大事な人たち、たとえば一族が助かるとか、代々の土地が安堵される、といった明確な目的が示されるから戦えるのです。そこで思想や文化といった要素が重要になってくる。

それが戦国期の一向一揆のように宗教的なものに支えられることもあれば、幕末維新の「錦の御旗」のように歴史的な正統意識としてあらわれることもある。実際、戊辰戦争では多くの譜代の藩がほとんど戦わずして薩長軍に降伏していますが、これは薩長が仕掛けた「官軍vs.賊軍」というイデオロギー戦争に負けてしまったのです。

興味深いのは、戦争に正統＝権威を利用するというやり方は、すでに鎌倉時代からあるんですね。たとえば北条氏と三浦氏が戦った宝治合戦（一二四七年）や、北条氏vs.安達氏の霜月騒動（一二八五年）は鎌倉での市街戦となりますが、これらの目的は将軍を確保することだった。当時の鎌倉将軍はすでに権威のみの存在でしたが、将軍を担いだほうが正義だ、という形になっている。

こうして見ていくと、太平洋戦争の失敗は、第一の兵力、第二の装備を支える国力で、圧倒的にアメリカにかなわないことがわかっているのに、第二の装備を零戦や戦艦大和などの一点豪華主義で突破し、あとは奇襲などの戦術と、日本国民へのプロパガンダ＝思想戦で乗り切ってしまおうと考えたことにあると思います。その思想戦に、皇国史観という形で、歴史学も利用されてしまった。

その点では、「富国強兵」をモットーにした明治政府の方が、国を豊かにしなければ兵は強くならないという軍事の本質をきちんと踏まえていたといえる。先の参謀本部の関ヶ原の合戦の分析でも、兵力＝石高だという発想から出発しているわけです。

## 川中島は信玄の勝ち

もうひとつ、そもそも論になりますが、そもそも戦争に勝った、とはどういうことなのか。これもよく考えると、難しい問題です。敵より損害が少なければ勝利なのか？ 大将が死んだら負けなのか？ 史料に「勝った」と記してあれば勝ちなのか？ このあたり、歴史学者の判断もしばしば混乱しがちです。

そこで私の立てた基準は明快です。「戦争を仕掛けた側が目的を達成できれば仕掛けた側の勝ち。達成できなかったら仕掛けられた側の勝ち」。極端に言って、どれだけ大きな犠牲を出しても、仕掛けた当人が死んでしまっても、戦争目的が達成できたら、それは勝利なんです。

その一例として、青野原《あおのがはら》の戦い（一三三八年）を見てみましょう。時は南北朝、攻めるのは先にも話に出た、東北から遠征してきた北畠顕家軍。一方、守るは足利幕府軍。この両軍が美濃の青野原でぶつかるのですが、この青野原の別名を関ヶ原といいます。奇しくも同じ地域で天下の合戦が行われた。

北畠軍の目的は京都に突入すること、足利軍の目的はそれを阻止して、京都を防衛することです。そのとき、どこに防衛ラインを引けばいいかと考えると、やっぱり関ヶ原になる。このとき、足利軍の主力となったのは、美濃の土岐《とき》頼遠《よりとお》でした。

その結果、どうなったのか？　少なからぬ歴史書では、北畠軍は土岐勢に勝利した、とされている。ところがその後の動きを見ると、北畠軍は伊勢方面に転進しているんです。そして奈良、堺で北畠軍は壊滅し、北畠顕家は戦死する。

これをさっきの基準でみれば、青野原の合戦は足利方の防衛ラインを崩せず、京都への突入ができなかったという一点で、北畠の負け。被害の多寡《たか》は問題ではなく、最大の目的が達成されたかどうかで見るべきなんです。

もうひとつ、有名な戦いを。武田信玄と上杉謙信が激突した、ご存知、川中島の合戦（一五五三―一五六四年）です。この合戦は何をめぐって争われたか？

この時点で、武田は信濃国をおおよそ領有することに成功しました。それに対して、上杉が異を唱えた。そこでいまの長野市のあたり、北信濃十万石をめぐって、上杉が兵を出したのが、川中島の戦いなのです。攻めているのが上杉、守っているのが武田。それが基本線です。

史上、激戦として名高いのは第四次の合戦ですが、これは武田家側の『甲陽軍鑑』にも引き分けだと書かれている。だけど、よく考えてみてください。たしかに武田信玄の弟の信繁や、重臣の両角虎定《もろずみとらさだ》なども戦死していますが、川中島の戦場に最後に立っていたのは武田勢で、上杉は越後に帰ってしまっている。つまり、戦争目的である北信濃を死守したのは武田なのだから、勝ったのは信玄。これが歴史の動かない真実です。

## 応仁の乱、真の勝者は？

その意味では、最近、ベストセラーにもなった応仁の乱（一四六七―一四七七年）。これもたしかに様々な勢力が入り組んで、複雑な戦いに見えるのですが、この戦争の目的は何で、誰が勝ったのかを考えないと、応仁の乱を論じたことにはならないと思います。

定説によると、応仁の乱の発端は家督をめぐる争いということになっています。足利将軍家、畠山氏、斯波《しば》氏の家督争いが組み合わさって、十年も続く泥沼の戦いになった、とされていますが、私は家督争いはあくまで口火に過ぎない、と考えています。では応仁の乱とは何か？　一言でいえば、細川家による室町幕府支配に反対する一派が起こしたクーデターだと思う。

ここで大事なのは、戦ったのは誰と誰なのか、きちんと確定することです。応仁の乱から遡《さかのぼ》って、足利義満の時代に立って考えてみると、ここで義満を補佐し、育て、室町幕府のあり方をデザインしたのは細川頼之でした。細川家は将軍を支える三管領の一つという形になるのですが、実態としては細川の政治力は別格で、室町幕府は事実上、細川氏が運営してきたといっていい。

その細川体制を作り上げるために邪魔だったのが、まず土岐氏。先の青野原の勝利の殊勲者ですね。それが一三九〇年に土岐康行の乱を起こされて、排除される。その翌年、室町幕府最大の戦いとなった明徳の乱で敗れたのが山名氏です。さらに一三九九年、応永の乱で大内義弘が滅ぼされます。このころ、大内氏は山名氏に代わって、堺、博多といった港を押さえ、貿易を握っていた。そして堺の支配をめぐって、細川氏と対立したのです。つまり、細川氏の政権を作り上げるために、最も邪魔な土岐、山名、大内が潰されたわけです。

これを踏まえて、応仁の乱を見直してみると、その構図は明らかです。東軍の大将は細川勝元。対する西軍の首将は山名宗全、それに味方したのが大内と土岐です。つまり応仁の乱とは、山名を中心として、もう一度、室町幕府の主導権を奪い返そうというリベンジ・マッチだった。

通説では、応仁の乱は十年も戦って引き分けに終わった、とされます。たしかに細川勝元も山名宗全も戦いの途中で病死しますが、終わってみると、結局、細川家が管領の座を独占し、幕府の中で専制的な権力を振るう形になる。つまり、まごうかたなく細川家の勝利であり、東軍の勝利なんです。それがわからないと、応仁の乱を理解したことにはなりません。

## 関ヶ原の「戦争目的」

さて、そこで関ヶ原の合戦です。ここでもまず重要なのは、これが誰と誰の戦いだったか、です。東軍の大将が徳川家康だったことは言うまでもありません。では西軍は？　かつては石田三成という答えが多かったと思いますが、最近のクイズ番組なら「西軍の総大将は毛利輝元」で正解にしてくれるかも。しかし、私の考えは違います。この戦争を仕掛けたのはもちろん家康。では家康は何の目的で、誰を狙ったのか？　そう考えると、真の答えが見えてきます。家康が仕掛けたのは、時の豊臣政権に対する反乱でした。したがって、その敵は豊臣秀頼。最終的な目的は秀頼を確保し、大坂城を占拠して、政権を握ることにほかなりません。

その意味で、関ヶ原の戦いの構図は、先に述べた青野原の戦いとも似てきます。徳川反乱軍の目的は近畿地方に突入し、大坂城の秀頼を押さえることにある。これは北畠顕家とまったく同じです。

それに対して、いわば参謀である石田三成はどこに防衛ラインを引くかを考えます。真田家の文書によれば、はじめ三成が想定していたのは、尾張と三河の境界線だったようです。これは小牧・長久手の戦いが念頭にあったのかもしれません。しかし、東軍が岐阜城を一日で落としてしまったために（このときの城主が信長の孫の秀信。彼の代で織田宗家は断絶します）、防衛ラインを引き直したのが関ヶ原だった。

その結果は、ご存知のように、防衛線を突破した東軍の勝利ですが、家康の戦争目的からすると、この時点では、実は終わっていなかったのです。大坂城が落ちていない。実際、立花宗茂は大坂城の毛利輝元に籠城戦を唱えるのですが、よくわかっていない輝元は、領地は保全するという家康の嘘を信じて、大坂城を明け渡してしまう。ここで家康の勝利が確定するわけです。

歴史学の世界では、関ヶ原の合戦後も大坂の陣までは、東に徳川、西に豊臣二つの権力が並立していたという公儀二重体制論が唱えられています。しかし、私はこの説は成り立たないと考えます。なぜか？　関ヶ原の戦いのあと、家康が何を始めたかといえば、論功行賞です。各大名に領地を分配した。これは武士の世界では決定的なことで、ここで全国の大名は家康と主従の関係を結んだと考えなくてはいけない。

ここで想起すべきは、中世史の泰斗、佐藤進一さんの唱えた「将軍権力二元論」です。話は遡って、室町幕府の草創期、足利尊氏・直義《ただよし》の兄弟は、兄は軍事、弟は政治を担当する二元制を取りました。結局、この両者は争うことになり、尊氏の息子、義詮《よしあきら》が二代将軍となって、軍事と政治が一体化するわけです。そこで佐藤さんは、将軍権力が政治と軍事という二つの権力からなると考えた。

このうち、政治とは統治権的な支配権です。日本列島を統治し、行政を担当する。それに対して、軍事は主従制的な支配権なんです。その対象は、日本全国の武士です。家来である武士（御家人）は主人である将軍に命をかけて奉公する、すなわち戦う。それに対して、将軍は御家人に土地を与える。

ここで重要なのは、軍事を司る尊氏が将軍であり、政治を担当する直義はあくまで副将軍だったこと。武士による政権のトップ＝将軍の条件とは、第一義に武士の棟梁であることなのです。

つまり、関ヶ原の戦後処理の段階で、すでに徳川政権は確立していた。その意味で、「一六〇三年、家康が征夷大将軍に任命されたから、徳川幕府ができた」というのは、ちょっと違うのではないか。実態をみたら、とっくに家康は天下人になっているわけです。そもそも秀頼には領地を与える権限もなければ、政治を司っていたわけでもありません。右大臣だから、とか、諸大名が江戸に行く際、必ず大坂に寄って挨拶していた、などと言われるのですが、それは権力でも何でもないだろうと。

**悪党たちが戦いを変えた**

ここまでの論点を踏まえて、日本史における戦い方の変遷を一気にたどってみたいと思います。

　そもそも武士は、自分の土地を自分で守るため、在地領主が武装することで生まれたと考えられます。そして、そこに「兵の道《つわもの》」というべき武士のあり方、戦いの際のルール、道徳観念のようなものが形作られていく。

　平安後期から鎌倉期、『平家物語』や『吾妻鏡』をみると、武士の戦いは基本的に一対一です。自分はどこそこのこういう者だと名乗りを上げ、相手側も名乗ったあと、よき敵、ござんなれと命懸けの戦いを始める。それを周りはただ見ている。バカバカしいようにも思いますが、これが当時のＲＯＥ（交戦規定）だったのです。これは、早くは『今昔物語』などにも見られますから、平安時代、平将門の時代からあったようです。

　たとえば壇ノ浦の戦いでは、水手《かこ》、梶取《かんどり》と呼ばれた舟の漕ぎ手は非戦闘員として討ってはいけないとされていました。それを破ったから、源義経は勝てたんだという説もありますが、一定のルールがあったことはうかがえる。

　そこで興味深いのは、平清盛の一番下の弟、薩摩守忠度《ただのり》のケースです。彼は文武両道の達人として知られていましたが、源氏方の岡部忠澄と一騎打ちをして相手をねじ伏せ、さあ、首を斬ろうとすると、岡部の郎党が忠度に斬りつけ、片腕を落としてしまう。それで形勢は逆転して忠度は戦死するのですが、『平家物語』はこれを卑怯だとかアンフェアだと非難していないのです。どうも郎党が主人の危機に参入するのはOKで、ほかの武士が介入するのは禁止らしい。このあたりの細かな感覚はまだよくわからないところがあります。

この時代の武士にとって、まず重要なのは乗馬の技術。そして弓。弓の腕比べをしたあとは、組み打ちになりますから、力持ちでないといけない。刀で斬り合うという要素はなく、まだ槍ではなく、薙刀を使う。これは集団戦ではないことを意味しています。集団戦の最中に薙刀を振り回すと、味方まで斬ってしまう。

ところが鎌倉の末期、南北朝の時代になると、悪党と呼ばれる新しいタイプの武装集団があらわれます。彼らは「兵の道」にまったく拘泥《こうでい》しない、いわばルール無用で好き勝手に暴れまくる。非戦闘員にも平気で手を出す。彼らが繰り出した新しい戦法が集団戦であり、要塞戦です。たとえば楠木正成。彼は赤坂城や千早城に立てこもり、城郭という武器を活用して、大軍を翻弄《ほんろう》します。しかも寺院の焼き討ちも行っている。これも鎌倉期のエリート武士にはできない戦い方です。

それから、本来、武士でもなんでもない農民たちも戦場に投入する。農民は戦になると怖くて、すぐに逃げ出すというので、彼らに持たせたのが槍なんです。長い槍で遠くから突いている分には、それほど怖くないだろうと。こうして、大勢に槍を持たせて、一方向に突撃させる集団戦が始まるのです。

面白いのは、悪党という存在は、正成もそうですが、西の方で発生するんですね。そこには元寇、すなわち集団で攻めてくるモンゴル流の戦いを経験したことが影響しているのではないか。

もっとも鎌倉時代の武士も、兵力がものを言うということはよくわかっていた。『吾妻鏡』のなかで、源頼朝が熊谷直家をみんなの前で誉める場面があります。こいつは全ての合戦で命を懸けて戦った勇者である、と頼朝が言うと、下野《しもつけ》の小山《おやま》政光、いまの栃木随一の勢力を誇った武将がこう返すのです。――直家は貧乏で家来を養えないから、自分で戦うほかない。自分は領地の経営に励んで、家来をいっぱい養って、みんな頼朝様のために戦わせた。だから、自分は戦わずとも、より頼朝様に奉公できていますよ――。そう言われて頼朝は喜んだという逸話が残されていますが、武士はリアリストだから、数の力を実感していた。

小山や、相模一の武士の三浦氏や、下総一の千葉氏のように関東でトップクラスの武士だと、だいたい三百人くらいの兵隊を動員できました。武士の本場である関東で、そのクラスの武士がたとえば十人いたとしても三千人。くどいようですが、やっぱり富士川の二十万人はあまりにも誇張のしすぎでしょう。

## 戦国大名は名経営者

近年、室町末期に、足利将軍を追い出して、京都で勢力を振るった三好長慶《ながよし》が注目を集めています。そこでしばしば、織田信長がやったことは三好政権の後追いであって、革新的なものとはいえない、と論じられることがある。しかし、三好と信長を比べると、端的に言って、動員できた兵力の桁が違うんですね。三好の戦いはせいぜい数千人レベルであるのに対し、信長の頃には何万人という単位になる。

前にも触れたように、それはとりもなおさず、権力の規模の差を意味します。旧来の様々な伝統勢力に制約されていた室町期の守護大名に対し、戦国大名は自分の領地において一元的な支配を確立し、より強大な権力として成長していったのです。

それは戦争のあり方をも劇的に変えるものでした。一国の主であり、最高権力者である戦国大名にとって、戦とは国を賭けたものになる。そうなると、単なる戦術だけでは駄目で、政治や外交を含む戦略の要素が重要さを増してくるのです。別の戦国大名と同盟して、共通の敵を叩く。相手側の有力武将に働きかけて、裏切らせる。

ここでも重要なのは数の論理です。同盟、裏切りなどの外交戦こそ、最も簡単に数的優位を得られる手段ですから。

戦国時代は争いが日常化するために、兵器的にも、戦術的にも進化が加速します。たとえば鎌倉時代には三十キロにもなる大鎧《おおよろい》を着込んで、弓を撃つ。いわば武士が移動砲台となっていたのが、戦国期になると、集団戦も高度化して、移動のスピードが要求されるようになる。そこで防具も軽量化が求められ、胴丸《どうまる》や腹巻といった軽装備が発達します。そこに鉄砲のような新兵器も入ってくるわけです。

どんどん進化していく装備を整えるにも、雑兵《ぞうひょう》足軽のような兵力を調達するにも、先立つものはお金。国が豊かにならなくては、戦争に勝つこともできない。優れた戦国大名は、同時に優れた経済感覚を持った経営者でもありました。その代表格が信長であり、その一番弟子ともいうべき豊臣秀吉でしょう。ことに兵站戦となると、秀吉の才能は抜きん出たものがあります。たとえば播磨《はりま》国の別所氏との戦いでは、三木城を取り囲んで兵糧攻めを行うのですが、なんと二年にもわたって包囲を続けている。これは逆に言えば、二年間、自軍の兵を養う兵站力があったということになります。

それに対し、上杉謙信や武田信玄などは、北条氏の居城である小田原城を攻めたのだけれど、結局、途中で諦めざるを得なかった。これは兵站が続かず、食糧が切れてしまうからなんですね。その小田原城を、秀吉は十六万人の兵力を集めて落としている。しかも、城の周りでわざわざ大茶会を開くなど、圧倒的な兵站の差を見せつけて勝つわけです。

毛利元就もきわめて優れた兵站感覚の持ち主だったと思います。毛利の場合は、石見銀山を押さえていたことが大きくて、経済が軍事を支えるということがよく分かっていた。

関ヶ原の戦いでの東西両軍の兵站も見事です。兵隊に切符を配って、味方の城に行ってそれを見せたら、ちゃんと米を配給するといったシステムを構築していた。だから、飢える心配なく戦えるんですね。

軍事政権というと、いまの北朝鮮のように、あるいは戦争末期の日本軍のように、国民生活を犠牲にして、とにかく軍事力だけを増強するというイメージがあるのですが、本当に国を強くするためには、それでは駄目なんですね。民を豊かにして、内政、外交に力を入れ、さらには軍事力を政治的にコントロールできなくては本当に強くはならない。これが歴史の教訓なのだと思います。

# 第五回　地域を知れば日本史がわかる

## 日本は「ひとつの国」だったか？

私たちはしばしば「日本は古代よりひとつの言語を使い、ひとつの政権が支配し、ひとつの歴史を共有する、ひとつの国家だった」と思いがちです。しかし、本当にそうなのか？

私は歴史を見ていく上で、この「ひとつの日本」はどうも疑わしいのではないか、と考えてきました。関東と畿内はかなり別々の歴史を歩いてきたのではないか。さらにいえば東北地方はかなり時代を下るまで、時の中央政権が考える「わが国」の範囲に入っていない可能性があります。また九州は九州で、博多周辺は先進地帯としての役割を担い、南部は東北地方と同様に周縁部として扱われてきた。

時代によって「日本」という国の枠組みは実は変わっていきます。異なる地域のせめぎ合いが、この国の歴史を形作ってきたともいえる。日本＝均質な国というイメージに反する、「地域」の多様性とダイナミズムをみていければと思います。

## 東に置かれた三つの関所

古代の人たち、ことにヤマト朝廷ではどこまでを「わが国」だとリアルに考えていたのか。もちろん律令では、北は陸奥国から南は薩摩国まで、国家体制におさめられていますが、再三論じてきたように、これは建前の世界です。

そこで私が思い浮かべるのは、固関《こげん》という儀式です。これは文字通り関を固める、関所を封鎖することなのですが、天皇の代替わりや朝廷で大事件が起きたりしたときに、関所を閉ざす。これが固関です。これには二つの意味があって、ひとつは中央から犯人や要注意人物を逃がさないこと、もうひとつは関の向こうから誰かが攻めてこないように警戒を強化することでした。これは平安時代や鎌倉時代に行われていたのですが、鎌倉時代にはもう形式的なものになっています。平安期には固関使という使いが派遣されて実際に関所を閉じていたのに、鎌倉期になると固関使は出発せず、都で儀式を行うだけになった。

では、どこを封鎖するかといえば、三つの関が設けられていたのです。ひとつは琵琶湖の北、越前にあった愛発《あらち》の関。これはのちには京都と大津の間の逢坂の関に代わるのですが、北陸道を閉鎖する。ふたつめは三重の鈴鹿山に置かれた鈴鹿の関で、東海道を固めます。そして東山道を抑えるために、関ヶ原のところに不破の関が設置されていた。

ここで重要なのは、この三つの関がいずれも都の東側だけに置かれていて、西にはないということです。有事の際に朝廷が警戒したのは東であった。まずここを押さえておきたい。

「関東」という言葉は、本来、この愛発、鈴鹿、不破の三つの関の東側を指します。この当時は、美濃、越前あたりより東、現在の中部地方はすでに「関東」だった。この頃には「関西」という言葉はありません。朝廷のある近畿地方は「西」ではなく「中央」なのです。そこにあったのは、関の西と東という単なる地理的な概念ではなく、「関の東側＝自分たちとは違う地域」と「関の内側＝自分たち」という線引きでした。

その一方、古代において、進んだ文化はつねに西から来ました。その入口が博多です。私の友人が博多で発掘調査にたずさわっているのですが、彼に言わせると、博多からの出土品をみると、他の地域に比べて五十年早い、と。私は五十年はちょっと言い過ぎではないかとも思うのですが、中国大陸や朝鮮半島の先進文化が最も早く入ってくる場所だったのは間違いない。

その博多と朝廷のあった飛鳥、奈良などの近畿地方を結ぶ大動脈となったのが瀬戸内海です。いまでも日本の神社で稲荷神社の次に多いのは八幡神社です。戦いの神様として武士たちから厚く信仰されましたが、もともとは皇室の守護神なんですね。この八幡様のおもとが、大分にある宇佐八幡宮です。では、本来は宇佐の土着の神様だった八幡様がなぜ皇室の守護神となったのか。宇佐という地は、瀬戸内海を西に進み、北九州に上陸する地点なんです。そこで祈りを捧げて、南九州の隼人（薩摩、日向、大隅）と戦いに行ったわけです。

つまり近畿から瀬戸内海を通って、北九州に至るエリアが、古代朝廷が「自分の国だ」と実感できるゾーンだったのではないか。だから西には関所を置く必要を感じなかった。そう考えると説明がつきます。

## 大海人皇子と関ヶ原

では、中央と「関東」との境界はどういった形で作られたのか。そのルーツは壬申の乱（六七二年）にあります。

よく知られているように壬申の乱は、天智天皇の後継をめぐる戦いでした。『日本書紀』などによると、病に倒れた天智は、弟の大海人皇子に即位してほしいと頼みましたが、大海人皇子は兄・天智天皇の真意は皇太子の大友皇子への譲位だろう、自分は邪魔者として、最悪の場合、殺されるかもしれないと考え、この申し出を辞退し、「自分は出家します」と言って、まず吉野に逃れます。山深い吉野は都から逃れるには格好の場所でした。

こうして吉野に潜んだ大海人皇子は、天智天皇が亡くなったという知らせを受けると、大友皇子と戦うため、直ちに軍事行動に移ります。そこで大海人皇子が吉野から向かったのが、意外なことに関ヶ原なんです。

この関ヶ原にはもともと大海人皇子の所領がありました。また巨大な古墳があることから、当時から豊かな土地だったことがうかがえます。もうひとつ言えば、この近くから鉄鉱石も産出するという、すぐれた戦略拠点だったわけです。

いまでも関ヶ原には桃配山《ももくばりやま》というところがありますが、その名の由来は、壬申の乱の際、大海人皇子が兵隊を労うために桃を配ったことだという。ちなみに、この桃配山は、関ヶ原の合戦で徳川家康がはじめ本陣を置いた場所でもあります。

このとき、大海人皇子は近江の都から大友皇子軍が来るのを防ぐために、腹心を派遣して、道を封鎖させます。その封鎖ポイントが、東山道の不破、東海道の鈴鹿だった。そうして安全を確保してから、関ヶ原に入った大海人皇子は、そこで兵力を集めて、大和と近江に派遣しました。

実は、当時の「関東」である美濃に本営を置いたのが、大海人皇子の勝因のひとつでした。

白村江での敗戦（六六三年）以後、天智天皇は唐の侵略を危惧し、西国地域に軍勢の召集をかけてきました。そのため、西国は疲弊し、新たな戦いに軍勢を差し向ける余力がなかった。そこを見越した大海人皇子は「東」の勢力を使って、大友皇子に勝利を収めたのです。

この大海人皇子が即位して、天武天皇となる。そして近江から飛鳥に都を移した天武天皇は、不破、鈴鹿、そして愛発に関所を設けます。それが天武から見た自らの勢力範囲であり、防衛ラインだったといえるでしょう。

美濃、越前がすでに「関東」だとすると、今の関東地方や東北地方はどのように位置づけられていたのでしょうか。

一言でいえば「化外の地」です。それは律令体制での国分けをみればわかる。あれだけ広大な東北の地に、「陸奥国」と「出羽国」というたった二国しか置かれていません。これでまともな統治や行政などできるはずもない。近畿に本拠を置く彼らからすれば、遠い東北地方などどうでもよく、真面目に治めるつもりなどなかったのです。

## 坂上田村麻呂は東北を制したか？

こう言うと、「しかし、古代には街道も整備されていたし、坂上田村麻呂などによって、朝廷は東北を制圧したではないか」という反論が出るかもしれません。

たしかに平安初期、桓武天皇は蝦夷を征討するため、東北地方に坂上田村麻呂らを派遣します（七九三年、八〇一年、八〇二年）。このとき田村麻呂が任命されたのが征夷大将軍。蝦夷を制圧するから「征夷」なんですね。

しかし、朝廷が東北地方を実際に支配できていたかといえば、大いに疑問です。

びやかな王朝文化は、平安京の、それも上流貴族だけの世界に過ぎません。たとえば今の関東地方に目を向けると、平安時代のイメージは一変するでしょう。

地方の経営を任されたはずの国司たちは、次第に任地に赴くこともやめてしまいます。部下を現地に派遣して、ただ税金を取り立てさせる。彼らは地方から送られてくる収入にしか興味はなく、地方を統治しなければならないという意識などありません。

地方の人々の暮らしを守ってくれる存在など誰もいない。自分の身を守れるのは自分だけ。これを「自力救済」といいますが、言葉をかえると、ルールなき弱肉強食です。授業で学生たちに説明するときには、漫画の『北斗の拳』を例に出します。ただ漫画と違うのは、主人公ケンシロウのような正義のヒーローが現れないことです。

こうしたなかから登場してくるのが武士なんです。実は武士には二通りあって、簡単に言うと、田舎の武士と京都の武士なのですが、このどちらが本場なのか、武士のルーツなのかが、時に議論になります。

田舎の武士というのは、やや専門的な言い方をすると、「在地領主」です。貴族の配下で地方に派遣された役人たちの中に、土着化し、その地で生きていくのが出てくる。彼らは、凄惨で無秩序な地方で生き残るために、取れるところから徹底的に租税徴収を行い、自分でも土地を開発して地主となります。そして、自分の土地を守るために武装する。

一方、京都の武士は、京武者という言い方をしたりしますが、天皇や朝廷の警護、あるいは摂関家の警護を行う、警察組織のような存在です。こちらのほうが、もともとの武士の起こりだという考え方もある。

私は田舎説に立っています。京都説だと、彼らが率先して武装する必然性がよくわからない。私は、京武者も、田舎の武士と成り立ちは同じで、京都周辺で土着化した在地領主が自力救済のために武装化したものだと考えています。それを京都に連れてきて、傭兵化したものが京都の武士ではないか。

そこで示唆的なのは、平家の動向です。一般的に、関東地方の武士といえば源氏だと思われがちですが、実は関東で勢力を持つのは平家のほうが先なんです。その中からあらわれたのが平将門です。いわゆる将門の乱も、ことの起こりは下総（千葉）、常陸（茨城）の平氏一門の争いでした。将門は「新皇」を名乗り、関東独立をぶちあげますが、二カ月ほどで鎮圧されてしまう。この鎮圧で功績を上げたのが同じ平氏の平貞盛で、その四男の維衡《これひら》が伊勢平氏の祖となるわけです。

要するに、関東で勢力を広げた平氏のうちで、もっと豊かな京都に近いところに移ろうという連中が出てきた。そこで伊勢に拠点をすえた一族の中から、のちに平清盛が出てくるのです。こうして平家の本流がいなくなり、空白地となった関東に、今度は源氏が入り込んでくる。

もっとも平家のなかでも関東に留まったグループもいて、相模国（神奈川）を代表する三浦氏、上総《かずさ》（千葉）の上総氏、下総の千葉氏といった関東の有力武士たちはみな平家の末流です。これらに比べると一回りも二回りも小さいけれど、後に鎌倉幕府を牛耳る北条氏も平家でした。それが源氏の棟梁である頼朝のもとに結集したわけです。

## 京都人・頼朝が関東武士に支持されたのは？

そこでいよいよ源頼朝の登場です。

歴史の後知恵ではあるけれども、誰しも疑問に思うのは「なぜ平清盛は頼朝を伊豆に流したのか」でしょう。命を助けるまではいいとしても、平家のテリトリーである西国に流せば良かったはずです。現に、西国に流された源希義《まれよし》は、頼朝が兵を挙げるとすぐに平家によって殺されています。それをなぜわざわざ源氏が拠点としていた関東に流したのか。

これでは反乱を起こしてくれと言っているようなものではないか。

ひとつの理由は、頼朝の助命を嘆願した池禅尼《いけのぜんに》（清盛の継母）の広大な荘園が、伊豆半島の付け根にあたる沼津にあったことです。つまり、池禅尼が、「しっかり自分が監視しておくから、頼朝の命だけは助けてほしい」と申し出たと考えられる。ちなみに北条時政はこの池禅尼の荘園に出入りしていたらしく、そこで頼朝との縁が生じていったようです。

もうひとつ、より根本的な理由は、清盛にとって伊豆はとんでもない遠い僻地だったことです。そもそも清盛は京都生まれ京都育ちで、関東なんて全然知らない、眼中にもない。帝政ロシアでシベリアに流刑させるような感覚で、再起するなど考えもしなかった。それくらい西国と関東の格差は大きかったともいえます。

もっとも頼朝も十三歳まで京都で育てられた、生粋の京都人です。彼がすごいのは、政権を鎌倉に打ち立てたあと、京都にたった二回しか行かなかったことでしょう。

そこで非常に重要なポイントだと思われるのは、富士川の戦いの後なんです。実はこのとき、頼朝はそのまま平家を討つべく京都に進もうとします。それを三浦氏、上総氏、千葉氏の三人の有力な家人が、頼朝の馬の轡《くつわ》を押さえて、「あなたのやるべきことは京都に行くことですか。関東を治めることではないのですか」という。

関東の武士たちが求めているのは、あくまでも自分たちの代表としての頼朝なんです。ここで彼らの意見を聞き入れたのが、頼朝の偉さでしょう。逆説的にいえば、あえて関東という地方にとどまったからこそ、中央政権である平家を倒す勢力になり得たのです。

北条政子を生涯大事にしたのも偉い。当時の北条氏なんて吹けば飛ぶような家の娘を、武家の名門、源氏の棟梁が正妻として迎えるのです。関東の武士たちからすると、これこそ我らの代表としてふさわしいということになる。

反対に京都の文化に憧れることで関東武士たちの支持を失ってしまったのが、暗殺された三代将軍の源実朝です。京都の公家から嫁をめとり、和歌に熱中したりして、都の文化にかぶれている、あんな将軍ならもう要らないのではないか、となってしまった。

## 東西の境で天下人が生まれる

東西の線引きに関係して、頼朝には面白い文書が残っています。

頼朝は家来である御家人に対して、朝廷から官位を貰う際は必ず自分を通すようにと言い聞かせます。つまり、関東武士たちに直接やり取りさせると、朝廷側から分断工作などを仕掛けられる危険性があることを、頼朝は見抜いていた。実際、その工作にまんまとはまってしまったのが源義経でした。許可なく、後白河上皇からの検非違使への任官を受けてしまうなどの行いが、頼朝の逆鱗に触れ、義経討伐につながってしまうのです。

さて、肝心の文書は、この任官に関するものです。義経のほかにも少なくない御家人が後白河上皇から勝手に官職をもらったことが頼朝に伝わると、頼朝は「お前たちはもう鎌倉へは帰って来るな。京都で上皇に尻尾を振ったのだから京都で暮らせ」と、東国への帰還を禁じる処分を下します。この文書で、頼朝は、彼らに美濃の墨俣《すのまた》から東には来るな、としている。つまり頼朝のなかでは、墨俣以東が自分たち鎌倉政権のエリア、以西は京都、すなわち朝廷のエリアという地図があったのでしょう。

承久の乱の後、鎌倉政権は、朝廷を監視するために、六波羅探題を設置します。このとき、尾張から西が六波羅探題の管轄、三河から東が鎌倉幕府の管轄と定めたのです。頼朝の処分から三十五年ほど経って、東西の境界が少しだけ東にずれたわけです。興味深いのは、この東西の境界線、ある意味で最前線である三河に配置されたのが、足利氏だったことです。だから、三河と尾張のあたりは、東西の文化や経済などの境でもあり、両方が交流しあう場所でもあったといえるでしょう。その三河から足利、徳川が出て、尾張からは信長、秀吉が生まれたわけです。

## 鎌倉っ子・尊氏は京都を目指す

鎌倉幕府を開いた頼朝が生粋の京都人であったのとは対照的に、京都に幕府を開いた足利尊氏は鎌倉生まれの鎌倉育ちでした。その意味では、関東出身で全国政権を打ち立てた最初の人物ともいえます。

そして尊氏もまた、鎌倉か京都かという選択に直面します。

一三三三年、尊氏は鎌倉幕府を倒そうとする後醍醐天皇方につき、六波羅探題を滅ぼします。同じ頃、新田義貞が鎌倉を制し、鎌倉幕府が倒れる。しかし、後醍醐天皇の建武政権に見切りを付けた尊氏は、自分が征夷大将軍となって武士の新しい政権をつくろうとしたのです。一三三五年、後醍醐天皇が派遣した新田軍を箱根で打ち破った尊氏は京都を目指すのですが、足利一門、特に弟の直義から強い反対に遭います。やはり武家の拠点である鎌倉に戻るべきだ、と。

この尊氏と直義の対立を示唆するのが、一三三六年につくられた「建武式目」です。この前文にはちょっと不思議なことが書かれている。「我々武士の柳営（幕府）はどこに置くべきか。頼朝が幕府を開いた鎌倉に置くべきである。しかし、鎌倉を離れたい人が多いなら、それに従うべきだ」というのですが、なぜこんなはっきりしない文章になったのでしょうか。

この「建武式目」をつくった人たちはいずれも直義派でした。彼らは鎌倉に幕府を置くべきだと考えていた。直義は政治的手腕に長け、実際に幕政を統括していました。その直義に反対してでも、「鎌倉を離れたい人」、それは尊氏以外には考えられません。

ではなぜ尊氏は京都にこだわったのか。その大きな理由のひとつは流通と貨幣経済への対応でしょう。

鎌倉時代の中期、貨幣経済が凄まじい勢いで広がります。一二二五年から一二五〇年のわずか二十五年の間に、東北地方まで、銭をベースとした経済に飲み込まれていく。鎌倉は武士の本拠地ではありますが、流通と経済の流れからは外れています。モノとカネの中心地はやはり京都でした。経済を掌握するには、京都を押さえるほかない――。尊氏はおそらく直感的にそう考えたのだと思います。

また尊氏の戦いで興味深いのは、一三三八年の青野原の戦いです。

これは「軍事」の項でも触れましたが、後醍醐天皇にとって最後の頼みは、奥州を拠点にしていた北畠顕家でした。

顕家は一度、尊氏を攻め、京都から九州にまで追い落とした武将です。しかし、尊氏もそこから巻き返し、再度、西側から京都を落とす。そこで、後醍醐天皇は再び東北に拠点を持つ顕家に上洛を要請するのです。

このとき、顕家を迎え撃つ室町幕府軍が防御ラインを引いたのが、青野原、すなわち美濃の関ヶ原でした。それはこの地が、中央と地方、西と東の境目であることを意味しています。尊氏も、その重要性を認識していたから、ここを防衛ラインとして選んだのでしょう。「軍事」の項でも述べたように、顕家はこの青野原を突破できず、京都には入れませんでした。尊氏は京都防衛に成功したのです。

## 室町幕府をダウンサイズした細川頼之

尊氏が開いた足利政権が本格的に確立するのは、尊氏の孫である三代将軍・足利義満の時代です。室町幕府という呼び名も、義満が京都の北小路室町に花の御所を建てたことに由来しています。義満と、その補佐役を務めた細川頼之こそ新体制の設計者といっていいでしょう。それは室町幕府のテリトリーを思い切って縮小する、いわば「ダウンサイジング幕府」の試みでした。

そのターニングポイントとなった年が、一三九二年です。

前年の末、全国六十六カ国のうち十一カ国の守護を務め「六分の一殿」と称された山名一族を討伐し、最大のライバルを打ち破った義満と頼之は、この年、京都の行政・治安・司法を、朝廷の検非違使庁から、侍所という幕府の軍事組織の管轄へと移します。最大の経済都市であった京都の支配を確立することは、莫大な税収を確保し、最大の流通拠点を掌握することにつながりました。

さらに細川頼之が行ったのは、関東地方、東北地方を切り離すことでした。もともと室町幕府は、関東地方を管轄する関東公方と、それ以外を管轄する幕府という体制だったのですが、この年、関東公方に東北地方も任せることにしたのです。つまり、室町幕府の責任の範囲を、中部地方から西に限定してしまったわけです。

なかでも重要な博多は、山口の守護大名、大内氏に担当させる。そして、関東公方に対するお目付け役として、静岡の今川氏を置く。他の守護大名はみな京都に集め、幕政に当たらせるけれど、大内と今川だけは京都に住まず、現地で職務に励みなさい。これが義満と細川頼之が構想した室町幕府の完成図でした。つまり、経済を中心とした西国政権です。

ここまで体制を整えた義満＝頼之は、いよいよ南北朝の対立に終止符を打ちます。大覚寺統（南朝）と持明院統（北朝）が交互に皇位に就く両統迭立を約束して、後亀山天皇（南朝）から後小松天皇（北朝）に三種の神器が渡され、ついに南北朝合一が果たされる。しかし、実際には持明院統の天皇が続き、南朝系の天皇が即位することはありませんでした。

この時期の室町幕府が日本列島をどんなふうに捉えていたかがうかがえる資料に、『満《まん》済准后日記《さいじゆごう》』というものがあります。これを書いたのは三宝院満済といって、醍醐寺の三宝院門跡（住職）で、のちには醍醐寺の座主《ざす》になる。真言宗のトップに立ち、天台宗まで掌握していた。さらには四代将軍・義持、六代将軍・義教の政治の指南役も務めたという傑物で、准后、すなわち皇后・皇太后・太皇太后の三后に次ぐ、いわば准皇族的な位まで与えられていました。

その満済の日記に、次のような一文があります。「等持院殿から次のような大きな政治的な方針があった。それは遠国のことは少々上意のごとくならずとも、これを差し置く」。

等持院殿とは尊氏のことです。つまり、尊氏は遠い国のことは少々、将軍の意のままにならないことがあっても放っておけばいい、と言っていた、と。

室町時代の初期の東北政策をみると、まさにその通りで、奥州総大将や奥州管領など、肩書きだけは立派なのをつけて、次から次へと送り込んです。しかし、派遣しっぱなしで、ろくにサポートもしない。当然、うまくいかないのですが、幕府はまた別の人間を派遣するだけで、ひどい時には奥州管領と自称する人が四人も並び立つという事態になってしまった。まさに「遠国のこと」だから、どうでもいいという姿勢が明らかなんです。

またこの日記で、満済は日本を「都」と「鄙《ひな》」に分けている。ここで使われている「都」には、京都はもちろんですが、近畿地方、中部地方、中国地方、四国の四つが含まれている。それに対して、「鄙」、すなわち田舎とされているのが、関東公方の管轄である関東と東北、そしておそらく博多以外の九州＝鎮西なんです。ここでいう「都」が、室町幕府の統治の範囲なんですね。そして「都」ブロックの守護大名が京都に集められて幕府の運営に携わり、満済がその取りまとめをするという形になっていく。

こうして確立された「都」と「鄙」の関係がひっくり返るのが、戦国時代なのです。

## 独立政権の可能性があった毛利と北条

一四六七年から十一年にも及んだ応仁の乱では、日本中が東軍と西軍に分かれて戦ったというイメージがありますが、実は、戦っているのは「都」の守護大名たちであり、「鄙」の大名ははじめから戦っていませんでした。しかも京都が戦場となり、焼け野原になってしまい、室町幕府が機能しなくなったために、大名たちもそれぞれの国に帰っていきます。戦国時代の幕開けです。

しかし、室町の守護大名がそのまま戦国大名になれたわけではありません。守護大名と戦国大名の大きな違いは、幕府の助けを必要とするかしないかです。地方に密着し、自力救済が可能な者だけが、戦国大名となったのです。

守護大名からそのまま戦国大名になれたのは、甲斐の武田や九州の大友、島津、少弐など、ほとんどが「鄙」の大名です。さらに先に触れたように、領国に常駐することを許された大内と今川も戦国大名となりました。

では京都にいた守護大名に代わって、新たに戦国大名として台頭したのはどういった人たちだったか。その多くは、守護大名の留守中、領国の運営を任されていた守護代、さらに、その奉行や、国人たちでした。こうして、日本史上初めて地方が主役となる時代が訪れたのです。

戦国大名というと、国盗り合戦のように領地拡張に明け暮れ、みなが天下に覇を唱えることを目指していたかのように思われますが、ほとんどの戦国大名が考えていたのは、自分の支配地域をしっかり守ることでした。彼らの頭にあった「国」とは、日本という大きな「国」ではなく、基本的には三河や安芸《あき》といった自分の領国だったのです。

しかし、中には、自国の安全を確保しようと隣国に攻め込み、領地を広げていく侵略マシンのような存在も現れます。甲斐の武田信玄や駿河の今川義元、関東一帯を勢力圏に収めた北条氏などがそれにあたるでしょう。そのチャンピオンが織田信長だった。それは彼が尾張という地を押さえていたことが大きかったと思います。

尾張は小さな国ではありますが、石高は五十七万石もある、豊かな地域です。信濃などはあれだけ広くて四十万石しかない。さらに、津島などの港もあり、商業的にも発展していた。そういう環境に生まれた信長にとって、最大の経済拠点である京都を手中におさめることには大きな意味がありました。

では、信長のライバルというか、上洛して中央政権を樹立する可能性を持っていた勢力はどこか。武田信玄では京都に遠すぎるし、海がないのも痛かった。私が考える候補地のひとつは、越前（福井）です。その最大の強みは京都へのアクセスの良さでしょう。日本海交易の拠点となる三国港を擁しているのも大きい。もうひとつは播磨（兵庫）だと思います。京都に近く、石高も三十六万石とそこそこあって、鉄も産出する。なんといっても清盛が港を築いたことからもわかるように、瀬戸内海に面しているのが強い。

しかし、さらに踏み込んで考えるなら、もはやこの時代には、京都を押さえることは天下統一のための絶対条件ではなかったのではないか。強力な軍事力と経済力を背景に、全国支配を可能とするような地方政権が誕生していてもおかしくはなかった。

たとえば、中国地方の覇者、毛利氏。毛利元就は安芸の国人領主から出発しましたが、貿易の拠点である博多をめぐって、九州の大友氏と争い、後に世界でも有数の産出量を誇った石見銀山を尼子氏と奪い合います。もし毛利氏がこの二つを確保し、アジアの貿易圏に乗り出したとしたら、相当強力な西国政権を築けた可能性があります。

もうひとつは、関東の覇者となった北条氏。面白いことに、戦国時代の北条氏と、かつての鎌倉政権における北条氏とは、勢力の広げ方もほとんど同じなんです。どちらもまず伊豆に拠点を築き、相模、武蔵と押さえ、上野《こうずけ》（群馬）まで支配した。両者とも、そこから信濃に行くか、越後に行くかというところで挫折してしまったのですが、その根底には東国は東国で完結すればいいという考え方がある。

結局、北条氏は、四代目の氏政のときに秀吉の小田原征伐で潰されてしまいますが、実は、北条氏の版図が最大になったのは氏政時代なんです。つまり東国政権としてはほぼ完成形に近いものを作り上げた。秀吉に負けたこともあって評価の低い氏政ですが、群雄割拠、すなわち地方分権的な戦国時代の国家観からすると、西の豊臣政権と東の北条政権として、棲み分けが可能だと考えていたのではないでしょうか。

考えてみると、秀吉の全国統一は、毛利との和睦に始まり、北条攻めで完成しています。その意味でも、毛利と北条は非中央型の独立政権に最も近い存在だったといえるかもしれません。

## 徳川家康が学んだ『吾妻鏡』

さて、北条氏を破った豊臣秀吉は、全国統一を果たし、京都、大坂を拠点とした中央政権を樹立します。

地域からみる日本史という観点で重要なのは、豊臣政権にとって最大のライバルだった徳川家康を、北条氏なき後の関東に移したことでしょう。

このとき家康に与えられた関東の領地は二百五十万石。石高でいえば、それまで持っていた三河、遠江《とおとうみ》、駿河、甲斐、信濃の五カ国をはるかに超え、豊臣家の直轄領二百二十万石をも上回っている。しかし、これは当時の価値観からすると、明らかに左遷にほかなりませんでした。

このときの秀吉の発想は、かつて平清盛が頼朝を伊豆に流したときと同じだったと思います。要するに、関東にまで飛ばしてしまえばもう何もできないだろう、と。

しかし、秀吉の思惑は外れることになります。関東に入った家康は着々と地盤を固めるとともに、関東を拠点とした政権のあり方、もっといえば新しい日本のかたちを構想していくのです。そのときに家康が学んだのは、頼朝が作り上げた鎌倉幕府でした。

その証拠が『吾妻鏡』。六代将軍までの鎌倉幕府の事績を編年体で記した歴史書ですが、実は、今読まれている『吾妻鏡』をつくったのは家康なんです。

現在、一般的に読まれている『吾妻鏡』は「北条本」と呼ばれるものです。これは戦国時代、北条氏が集めたものが、秀吉に降伏するときに、骨を折ってくれた黒田官兵衛に贈られた。官兵衛はそれを息子の長政に伝え、長政から徳川家に献上されたといわれてきました。ところが最近、この成立過程は間違いだったことがわかった。実際には、家康は豊臣政権の大名だった頃から、すでに全国に使者を派遣して『吾妻鏡』を集めていたのです。あちこちの写本を継ぎ合わせて、今の形に編纂させたのは家康だった。だから、本当は「家康本」「徳川本」と呼ぶべきなのです。

さらに家康は儒学者の藤原惺窩《せいか》などに講義させて、頼朝がどうやって関東をまとめあげ、政治基盤を築いていったかを真剣に勉強しました。つまり豊臣体制に取って代わる準備に怠りはなかったことになります。

## 関東・東北に伸びしろあり

そして、いよいよ関ヶ原の合戦です。壬申の乱、青野原の戦いに続いて、この地がみたび天下分け目の戦場となる。最初の戦いでは天皇が誕生しました。二回目は室町幕府ができた。そして三回目の戦いで江戸幕府ができたわけです。ここで興味深いのは、はじめ石田三成が決戦の地として想定していたのは、尾張・三河の国境だったことです。これは先に述べた、鎌倉幕府と六波羅探題との境界でした。

歴史は繰り返す。私は江戸に幕府を開いた徳川家康の決断に、二人の人物が重なります。ひとりは源頼朝、そしてもうひとりは天武天皇です。

京都、大坂を拠点にすえた豊臣政権は、完全に西を向いた政権でした。その帰結が朝鮮出兵の失敗だったといえます。豊臣政権が崩壊したのは、秀頼が幼かったからではありません。朝鮮出兵がもたらした疲弊と混乱によって、人心が離れてしまったことが最大の原因だったと思います。

そこで家康は江戸を選びました。政治的な重心を上方から関東に移し、同時に経済の大動脈をも、博多と京都を結ぶ瀬戸内海から、江戸と京都・大坂をつなぐ東海道に転換する。そこで何をやったかといえば、内需の拡大です。関東地方、それからほとんど手つかずで放置されてきた東北地方を開発していけば、国は十分豊かになると家康は考えたはずです。事実、関東・東北地方のコメの生産量は江戸時代に飛躍的に増大しました。伊達家の治める仙台藩は表の石高は六十二万石でしたが、実際の石高は百万を軽く超え、二百万石あったという説もあるほどです。一方、先進地帯だった近江などの西国はほとんど増えていません。伸びしろがあったのは、圧倒的に東国だったのです。

それは、神戸に政権を置き日宋貿易に力を入れた清盛と、土地の安堵を軸に据え、関東に根ざした頼朝の対比と重なります。さらには積極的に朝鮮半島への進出を企てながら、白村江の戦いで挫折した天智天皇と、近江から飛鳥に都を戻し遣唐使を一時中止したりしながら、日本という国のアイデンティティを追求した天武天皇とも似ているようにも思える。というのも、『吾妻鏡』のなかには壬申の乱を下敷きにしたようなエピソードが散見されるのです。家康は『吾妻鏡』の学習を通じて、壬申の乱について何らかの知識を得ていた可能性もあります。

## 「西国連合」の明治政府が東京を選んだ

では、最後に明治以後の日本を「地域」からみていきましょう。

明治維新は地理的には明らかに「西の逆襲」でした。本州の西端に位置する長州と、九州の南端の薩摩。それに四国南端の土佐と、九州の西の端の肥前。いずれも海に向かって開いた土地です。しかし、明治政府はなぜか首都を東京にした。維新三傑のひとり、大久保利通は、首都を大阪にする構想を持っていましたから、おそらく江戸城の無血開城がなければ、首都・大阪は大いにあり得たと思います。

それからおよそ百五十年。江戸時代から数えると四百年以上、東京は都であり続けてきました。しかし、その結果、東京への一極集中、日本中の都市が東京の出先機関のように見える画一化も進んでいるように思えます。

これまでみてきたように日本の歴史は、東と西を振り子のように行ったり来たりしながら、海外文化の吸収と国内開発を繰り返し、進んできたわけです。私は今の日本の行き詰まりの一因は、西の弱体化にあるのではないかと危惧します。かつて関東地方の伸びしろに賭けた家康のように、東京以外の地域にもっと目を向け、それぞれの多様性を押し出した国づくりを考えることが、いま求められているのではないでしょうか。

# 第六回　女性を知れば日本史がわかる

## 「日本は昔から女性の地位が低かった」は本当か？

日本史を考える上で、きわめて重要だけれどもよくわからないことがいくつかあります。その最たるもののひとつが「女性」でしょう。

「日本は昔から男尊女卑で、女性の地位は非常に低かった」と思われていた時期もありましたが、研究が進むとともに、近世以前の日本社会では女性の地位はけっして低くなかったことがわかってきました。歴史に名を残している人物でも、持統天皇、北条政子、日野富子など強い権力を保持していた女性もいますし、財産の相続などをみても、女性の権利は相当認められていました。なんといっても子どもを産むことができるのは女性だけです。一族の繁栄・維持や姻戚関係を築くのにも、女性の存在、影響力は大きなものがありました。

とはいえ、政治権力との関係において、女性がいわば「制度」の外の存在であったことも事実です。それゆえに、女性が歴史上どのような役割を果たしてきたかがうかがえる史料も多くはありません。さらには、朝廷、貴族、武士などの時の権力者グループではない、いわゆる一般の女性のあり方がどうだったかを語るのは非常に難しい。

ここでは、家族のあり方、土地の相続、さらには文学作品などを参照しながら、女性が果たした役割の変遷を考えてみたいと思います。

## エマニュエル・トッドの家族類型論

まずは視野を大きく広げ、人類史的な視点から、日本の家族システムにおける女性のあり方を探ってみましょう。

そこで参考になるのが、世界的な家族人類学者、歴史学者であるエマニュエル・トッドの家族類型論です。

私はトッドさんと日本史における家族について対談したことがありますが、住民台帳などの地道な調査をもとに、大胆かつ説得力に富んだ仮説を提示する力に圧倒されました。トッドさんの壮大な家族類型論のなかでも、とりわけ重要なのが、それまで最も近代的で進んだ家族システムだと思われてきた「核家族」が、実は「最も原始的」な形態であり、大家族を形成する「共同体家族」こそが最も新しく登場したものだ、という発見でした。

トッドさんの理論によれば、人類史にあらわれるのは「核家族→直系家族→共同体家族」の順になります。これはそれまでの家族史の定説をひっくり返すものでした。

これを地理的にみると、もっと面白いことがわかります。共同体家族がユーラシア大陸の中心部、すなわち中国、ロシア、中東などに広がり、その周縁である日本、朝鮮、ドイツ、スウェーデンなどでは直系家族となる。そして、さらに周辺部であるイギリス、アメリカは核家族になるのです。

これは柳田国男が『蝸牛考《かぎゅう》』などで提唱した方言周圏論とも重なります。カタツムリの呼び方を地域ごとに調べて、近畿地方では「デデムシ」、中部・中国地方では「マイマイ」、関東や四国では「カタツムリ」、東北や九州では「ツブリ」、そして東北の北部や九州の西南では「ナメクジ」となり、近畿を中心として同心円状に変わっていくこと、そして中央が最も新しく、周縁にいくほど古い呼び名が残っていることを明らかにしたのです。

さて、この家族類型論を東アジアにあてはめてみるとどうなるでしょうか。

はじめに登場するのは「絶対核家族」です。このシステムでは子どもは早くから親元を離れ、結婚すると独立します。親子の関係は深くなく、相続にも決まったルールがない。遺産だからイギリスなどでは親の意思である遺言によって遺産相続が決まることが多い。遺産を子どもたちの間で平等に分けるのが「平等主義核家族」です。

そこから男子が一人、相続人となり、親と同居してすべてを独占する「直系家族」が登場します。東アジアで最も歴史の古い中国でいうと、春秋戦国時代以降でしょうか。トッドさんによれば、この父系直系家族の倫理を体系化したものが儒教です。

それがやがて、ベトナム、朝鮮、日本といった周辺地域に広がっていく。一方、中国では、父親の下にその男の子たちの家族がみな同居する「共同体家族」に移っていく。

この議論は非常に優れていて、説得力があると思います。もともとは日本の家族形態は双系的、つまり父方にも母方にも属していたのが、やがて、今もそうであるように、父系の直系家族が支配的になっていく。まずはこれを基本的な構図として押さえておきたいと思います。

## 女性天皇の果たした役割

古代における女性の位置づけを考えるとき、見逃すことができないのは女性天皇の存在でしょう。

推古天皇（在位五九二―六二八年）に始まり、称徳天皇（在位七六四―七七〇年）まで、古代には八代六人の女性天皇が存在しました。その後、女性で天皇となったのは、江戸時代の明正天皇、後桜町天皇の二人だけです。

なかでも重要なのは、天武天皇の皇后であり、天武の後を継いで即位した持統天皇（在位六九〇―六九七年）です。前にも述べましたが、この天武・持統期こそ、その後の国のあり方を決定づけた時期といえます。そもそも天皇という称号自体、この時期に定まり、『古事記』『日本書紀』によって天皇家の由来、支配の正統性が神話として体系づけられます。国文学では、アマテラスのモデルは持統天皇である、という説も唱えられているほど、強い存在感を放っています。さらには体制強化のために律令などの外来文化や制度を積極的に導入しました。研究者によっては、こうした一連の改革をリードしたのは持統だったと非常に高く評価していますが、そこまではないにしても、持統が、夫である天武天皇から孫の文武天皇に至るまで、朝廷政治のなかで重要な存在であったことは間違いないでしょう。

では、持統は夫の死後、なぜ自ら天皇の座に就いたのか？　私はここには皇位継承に関する重大なルール変更が関わっていたのではないかと思います。

持統天皇は天智天皇の娘です。それが天智天皇の弟である大海人皇子の妻となって草壁皇子を産みます。大海人皇子は、天智の第一皇子だった大友皇子との戦いに勝利し、天武天皇となる。これが壬申の乱ですね。

その持統天皇の最大の望みは自分の子どもに天皇を継がせることにありました。その点も、孫のニニギを高天原《たかまがはら》から地上に送ったアマテラスと重なり合うところがあります。これは血筋の上では、天智系の継承という意味も持っていた。

これは「天皇」を論じた章でも言及しましたが、それまでの皇位の継承は必ずしも父から子へ、ではなく、兄から弟、叔父から甥というケースも少なくなかった。これを「ヨコの継承」と表現しました。この時期は、天皇自身が絶大な政治権力を握っていますから、先帝が亡くなった時点で、実力のある皇族たちが激しい権力闘争を繰り広げることもしばしばでした。その代表的な例が壬申の乱です。

それに対して、天皇が自分の子どもや孫に皇位を継がせるのは、「タテの継承」です。しかし、自分の子どもを即位させたくても、その皇子がまだ幼かったり、有力なライバルがいる場合には、すぐに後を継がせることにはできません。

持統の場合、天武天皇の死後、息子の草壁皇子を天皇にしたかったのですが、まだ年少であったことと、大津皇子などの強力なライバルがいたために、自ら「中継ぎ」役となるのです。その後、大津皇子を自害に追いやったりしてライバルたちを排除していくのですが、肝心の草壁皇子が早く亡くなってしまう。そこで持統は孫の軽皇子《かるのみこ》を十五歳の若さで即位させ（文武天皇）、自らは史上初の太上天皇としてともに政務を執るのです。

つまり大きく見ると、兄弟間継承という「ヨコの継承」から、父子（親子）間継承という「タテの継承」に移行する時期に、女性天皇が誕生したといえるでしょう。

興味深いのは、文武天皇のときに制定された大宝律令をみると、相続の対象を男性に限ったり、長子の権利を重視するなど、直系家族的な傾向が強い。これはもちろん当時の中国の直系家族システムを反映したものでしょう。後述するように、日本ではその後も女性の相続権は認められるなど、例によって律令は「絵に描いた餅」状態なのですが（長子相続など直系家族的相続が定着するのは鎌倉時代以降です）、持統天皇の「タテの継承」への執念には、大陸からの「直系家族インパクト」の影響をみてとることも可能かもしれません。

もうひとつ、女性天皇について重要なのは、あくまでも「女性天皇」であって、女系による継承は行われなかったことです。女性天皇は、配偶者が皇族か、生涯独身かのいずれかで、女性の天皇が天皇家以外の男性の子どもを産み、その子が天皇になるという事態は想定されていない。その意味で、天皇家は一貫して男系でつながっていた父系家族だったことは間違いありません。

その意味では、有名な道鏡事件は大変な皇統の危機だったといえるでしょう。聖武天皇の娘だった阿倍内親王は、孝謙天皇、称徳天皇と二度にわたって皇位に就きましたが、病に臥せった折、快癒《かいゆ》の祈禱《きとう》などを担当した僧侶、道鏡を寵愛し、太政大臣や法王に任ずるなど絶大な権力を与えます。そして七六九年、宇佐八幡宮の託宣《たくせん》が出たとして、道鏡を天皇にしようとするのですが、和気清麻呂などの抵抗に遭い、その翌年、称徳天皇は病死します。この称徳天皇を最後に、女性天皇は江戸期までいなくなります。

このように天皇家をみると、早くから男系継承のルールが確立していたようにもみえる。しかし、それが日本の家族のスタンダードだったのか、大陸の影響を最も強く受けた王家特有のものだったのかは、判断が難しいところです。

## 「招婿婚」をどう考えるか

古代日本の家族制度を考える上で、避けては通れないのが招婿婚《しょうせいこん》の問題です。女性史研究の第一人者で詩人でもあった高群逸枝《たかむれいつえ》さんが『母系制の研究』や『招婿婚の研究』などの著作で提唱した概念です。

平安期の文学などを読むと、女性のもとに男性が通うという場面がよく描かれますが、これが「妻問婚《つまどいこん》」、「招婿婚」と呼ばれるもので、女性はずっと生家で暮らし、そこに夫が通ってくる（通い婿）。そして子どもが生まれると、女性の家で育てられ、子どもは母方の財産を相続する、というあり方です。

トッドさんは『家族システムの起源』のなかで、「家族システムがまだ主要部分では双処居住的で、親族システムが双方的であったと考えられる日本社会の中で、父系制は補償的母方居住反応を生み出した」と記していますが、これは招婿婚を念頭に置いたものでしょう。つまり、まだ子どもが父方母方のどちらに帰属するか決まっていない状態で、中国から父系制が流入してきたときに、その反動でかえって女性（と子ども）の母方での居住が一般的になった、というわけです。

しかし、この招婿婚については、正直言って、どうもよく分からない。たしかに財産が母方で継承されるという部分はあるのですが、たとえば天皇家はもちろん、藤原氏などの貴族をみても、血筋の継承は父方でつながっているわけです。たとえば藤原道長のあとを、娘の子が継ぐわけではなく、やはり嫡男の頼通、その息子の師実と継がれていく。このあたりをどう考えたらいいのか。私は招婿婚的な慣習はかなり限定的なものではなかったかと考えているのですが、今後の研究が待たれるところです。

## 外戚も世襲する

ひとつ言えるのは、母方の影響が強かったとしても、具体的な力をふるっているのは女性ではなく、あくまでも母方の男性、父や兄たちでした。それは外戚《がいせき》としての藤原家の権勢をみればよくわかります。

外戚とは、一言でいえば、天皇や皇帝などの奥さんの実家です。たとえば平安時代には藤原氏の本家の娘が、代々の皇后となります。藤原本家は皇后の実家であり、次代の天皇は藤原家の子であり孫にあたるわけですから、その権力は絶大なものになる。

外戚が政治的に大きな力をふるうことは、中国でも、あるいはそれ以外の地域でもよくみられることでしょう。しかし、興味深いのは日本においては、この外戚が世襲されていくことです。平安期であれば、藤原氏が次々と后を送り込み、外戚というポジションを独占していく。この状態を指して、「万世一系」ではなく、天皇家の男性と藤原家の女性による「万世二系」と言ったりもします。

中国では、外戚は基本的にどんどん変わっていきます。初代皇帝のときにはA氏という后の一族が外戚として栄えたかと思うと、二代皇帝に代われば、先代の外戚一族を追い払って、二代皇帝の后の中で有力なB氏が外戚として新しく台頭する、といったように、外戚も代替わりしていく。だから、皇帝が代替わりするたびに、外戚を中心とするグループが激しい権力闘争を巻き起こすこともしばしば起こります。

ところが日本ではこの外戚が固定化され、システムとして世襲化されてしまう。これは武家政権になっても同様で、鎌倉将軍家の外戚だった北条氏が権力を独占するし、室町時代の足利将軍家はずっと日野氏から妻を迎え続ける。これは日本史のひとつのパターンだと思います。どこかの時点で権力争奪よりも、世襲による平和を選んでしまう。ヨコ一線での競争は長く続かず、タテ型の世襲になっていくわけです。

## 女流文学と自由恋愛

平安時代の女性の位置づけを考えるとき、特筆すべきはやはり女流文学です。平安時代の特徴は、戦争がなくなり、武力の価値が低下した時代だということです。その分、文化というものの重要性が高まり、女性の活躍が目立つようになる。紫式部、清少納言をはじめ、和泉式部、赤染衛門などの有名歌人が目白押しです。もっとも、こうした高名な女性文学者たちはどうしても上層階級出身者に限られます。たとえば『源氏物語』にしても、平安時代にこれを読めたのは、紫式部が女房として仕えていた中宮彰子、その夫の一条天皇、彰子の父でもある藤原道長など、ごくごく一部の人々に限られていました。『源氏』が広く読まれるようになったのは室町時代になってから。だから私は、平安文学の代表として『源氏物語』を挙げることにどうも躊躇《ちゅうちょ》してしまいます。なぜなら平安時代のほとんどの人たち（貴族階級であっても）は『源氏』を読むことが出来なかったからです。

では、なぜこの時期に女性による文学が花開いたかといえば、やはり女性の自由度が高かった、ことに恋愛における自由が広く認められていたことが大きいと思います。それがよくあらわれているのは「後宮」のあり方です。

これも中国との比較になりますが、皇帝の最大の仕事のひとつは後継者をつくることです。そこで、うっかり別の血が入ってしまってはまずいというので、皇帝だけがアクセスできる女性を集めて後宮を作る。だから、皇帝以外の男性は原則出入り禁止、お世話係やボディーガードとして去勢した宦官《かんがん》を置くなど、厳格な「血の管理」を行ったのが、中国や中東などの後宮なのです。

それに対して、日本では、いちおう形だけは後宮というものをつくるのですが、その管理は非常に杜撰《ずさん》で、事実上はないも同然のものでした。外戚の男たちは出入り自由だし、他の貴族もけっこう出入りしていました。本来ならば天皇が独占するはずの内侍《ないし》という女官たちも貴族の嫁になったりしている。これは天皇の空間というものがきちんと閉じていない、緩やかなものだったともいえます。管理が甘い。だから『源氏物語』のように、後宮に上がった藤壺が光源氏と密通するというストーリーが成り立つわけです。

こうした、いわば自由恋愛の世界のもとで開花したのが、平安の女流文学、ことに和歌でしょう。これも中国との比較になりますが、漢詩において有名な女性詩人はほとんどいません。また漢詩のテーマも志を述べるとか、自然、人生、友情などが多く、恋愛は少ない。それに対して、和歌のメインテーマは恋愛だといっていい。女性の歌人も数多く登場し、文化の担い手としてきわめて大きな役割を果したといえるでしょう。

## 「ご落胤」大歓迎？

もうひとついえるのは、そもそも当時の日本人は血筋というものについて、今ほど厳密に捉えていなかった。もっと具体的にいえば、生まれた子どもの父親が誰かがそれほど問題になっていない。

たとえば「平清盛は白河法皇のご落胤《らくいん》だったのか」ということがしばしば話題になりますが、当時の感覚でいえば、こうした詮索にはほとんど意味がない。父である平忠盛からすれば「俺の女房が生んだから、俺の子だろう」くらいにしか考えていなかったと思います。

この点で興味深いのは「貴種」の問題です。これは鎌倉時代の歴史書『吾妻鏡』にあるエピソードですが、ある日、頼朝がふだんから目をかけている葛西清重という若い武士の家に遊びに行った。すると、頼朝の世話をするために凄く綺麗な女性が出てきた。その女性、『吾妻鏡』には「青女」、すなわちうら若き女性と書かれているのですが、清重は「近所に住んでいる女性に、特別に来てもらいました」と答える。それで食事をして、酒を酌み交わすと、その青女が頼朝と一夜を共にするわけですね。ところが、実はその青女は清重の若妻だった、という話なのですが、もしこのとき子どもが生まれたらどうなるか。

おそらく清重は自分の血を引く息子がいたとしても、この頼朝との子どもに家を継がせたはずです。葛西家は後に戦国大名となり、AとBの系図が残されているのですが、そのうちAには、他の史料に出てこない朝清という名前の人物が、清重の後を継いだと記されている。この人物が実在したのか、また頼朝のご落胤かはわかりませんが、少なくとも「ウチは頼朝様の血を引いている」ということは、一門の誇りなんです。

この「頼朝のご落胤」を謳っているのはほかにもあって、系図集『尊卑分脈』によると、島津家初代の島津忠久、大友家の大友能直も頼朝の落としだねだとされています。だから島津家は、江戸時代になって、今の頼朝のお墓を整備したりもしている。

これも考えてみると不思議な話で、血筋を誇るのに、その家の本来の血は入っていないことになる。たとえば清重の妻は畠山氏の出身ですから、葛西家は実は源氏と畠山氏の子孫ということになるのに、それは構わない。葛西家の嫁が生んだから、葛西家の子どもだというわけですね。そうなると、むしろ家のルーツとして重要なのは「母」ということになる。こんなところにも父系直系家族が確立する以前の、日本の家族観がうかがえると思います。

## 大荘園の領主だった女性皇族

もうひとつ、女性の地位が高かったことが分かるのは、土地を中心とした財産の問題です。この時期の土地に関する文書を読むと、土地の相続人として女性が頻繁に登場します。女性が家に属し、自前の財産を持てなくなったのは、もっと後世のこと。これは後述しますが、むしろ江戸以降に女性の権利は縮小していくのです。

なかでも特筆すべきは女性皇族が広大な荘園の持ち主だったことです。その代表的な例が八条院領と長講堂領。八条院領は二百カ所以上にのぼる荘園群なのですが、これは鳥羽上皇が、最も愛したとされる娘、八条院暲子《しょうし》内親王に譲ったものです。一方の長講堂領は、後白河上皇から娘である宣陽門院覲子《きんし》内親王に相続されたもの。

これらは、鎌倉時代、皇室が大覚寺統と持明院統に分裂すると（両統迭立）、八条院領が大覚寺統の、長講堂領が持明院統の財政的な基盤となったほどで、女性皇族が莫大な財産の継承者となったわけです。

ただ、ここで注意したいのは、八条院も宣陽門院も生涯未婚で子どもを生まなかったことです。女性領主ではあっても女系での相続は出来ず、皇族から養子をとって荘園を渡しています。つまり女性天皇と同じで、「中継ぎ」の役割を担わされたといえるでしょう。

## 家督争いの決め手は母親の実家

では、平穏で女流文学が隆盛した平安時代から、鎌倉、室町の武家社会になったとき、女性の地位はどのように変わったのか。『平家物語』や『源平盛衰記』などの軍記ものには木曾義仲とともに戦った大力の女武者巴御前が登場しますが、基本的には女性は武力にはかかわりを持ちません。しかし、興味深いことに、女性の地位はけして低くはなかった。

それが端的にうかがえるのは、家督相続においてです。長子相続がはじまるのは鎌倉時代の半ば以降ですが、それまでは必ずしも長男が後を継ぐわけではなかった。その際に有力な決め手になったのが、母親の出自なんです。お母さんの身分が高い子どもが跡取りに選ばれる、というケースがよく見られる。

たとえば源頼朝は義朝の三男ですが、母親が熱田神宮の大宮司の娘だった。草薙の剣を祀る熱田神宮は、武士にとって非常に格の高い神社とされていて、頼朝は生まれた時から兄たちを差し置いて跡取りとみなされていました。

当時の女性にとって実家の影響力は非常に大きくて、当時の財産目録をみると、結婚する際に、実家から娘にそれなりの財産、土地を与えるというやり方がしばしば見られます。つまり結婚した後も、奥さんの自前の財産というものがあった。しかも、そうした目録を見ると、「一期《いちご》」、すなわちその娘さん一代限りで、彼女が死んだら嫁ぎ先のものとはならず、実家に返せという但《ただ》し書きがつけられていることが多い。逆に言えば、結婚後も実家の父の支配権が及んでいるわけです。

これは余談だけど、今でも夫婦別姓論議のなかで、「日本は歴史的に夫婦別姓だった。だから女性の地位が高かった」という議論が見られますね。男女別姓だったのは事実ですが、それは実家の家父長権が強くて、結婚してもそこから抜けられなかったためで、実父の苗字を名乗っていたわけです。だから、父の支配権の強さと、結婚後も女性に一定の財産などが確保されていたという両面がある。夫婦別姓自体には私も反対ではありませんが、そこのところはきちんと踏まえないといけないと思います。

## 婿殿はつらいよ

さらにいえば、鎌倉時代の御家人社会では、女性を介した家と家の結びつきが非常に重視されていました。Aという武将がB家から嫁を迎えます。そして、B家が幕府に対して反乱を起こしたとすると、いくらB家の戦いに勝ち目がなくとも、AはB家に味方しなくてはならない。そうしないと、あいつは武士の風上にも置けない奴だ、とされてしまうのです。

実際の例でいえば、毛利季光《すえみつ》という武士がいます。彼は鎌倉幕府創立の功労者である大江広元の四男で、承久の乱で戦功を挙げ、北条泰時によって幕府の最高機関である関東評定衆に入れられるというエリートだったのですが、彼の妻は、当時、北条氏と拮抗するほどの大勢力だった三浦氏の出身だった。だから、一二四七年、三浦氏が北条氏に戦いを挑むと（宝治合戦）、季光は一度は北条側で戦おうと出発するのですが、途中で、自分は三浦氏から妻を迎えたのだから三浦氏につくしかないと考えを改めて、三浦氏の一員として死んでいく。

さらにいえば、源義経の正室は、武蔵国で最も勢力のあった河越重頼という御家人の娘なんですが、そもそもこの縁組を差配したのは兄の頼朝だった。ところが、兄弟が仲違いして、義経を謀反人として追討する際に、頼朝は河越重頼を殺してしまうんです。重頼は別に義経に加担したわけでもないのに、一種の連帯責任を負わされてしまった。今の私たちからすると理不尽にも思えますが、興味深いのは、当時の御家人たちはこの頼朝の仕打ちを当然のこととして受け止めているんです。それくらい女性を介した紐帯は強いものと考えられていたのです。

## 慈円が嘆いた女性上位時代

「女人入眼《にょにんじゅがん》の日本国」という言葉があります。これは、鎌倉時代、慈円《じえん》が著した有名な歴史書『愚管抄《ぐかんしょう》』に出てくる言葉なのですが、「入眼」とは目を入れる、たとえば大仏開眼とか達磨の目を入れるように、魂を入れる、もっと意訳すると、この国は女が動かしていると、慈円は論評している。

これは具体的には、北条政子と卿二位《きょうのにい》のことを指しています。頼朝亡き後、鎌倉幕府の実権を握っている、少なくとも強い影響力を持っているのは妻だった北条政子だ、と。たとえば「御成敗式目」には頼朝以下源氏三代の将軍と政子様の決めたことは絶対であって、変更することができないという一文があります。それをもって北条政子は四番目の将軍だったという考え方もあるほどで、政子が一定の政治的判断を下していたことは間違いない。

もう一方の卿二位（藤原兼子《けんし》）は、後鳥羽天皇の乳母で、後鳥羽が院政を敷くと、その側近として大いに権勢をふるった人物です。三代将軍源実朝が暗殺されると、彼女が育てていた頼仁親王を将軍に推薦するなど、卿二位が重大な局面に関与していたといえるでしょう。

しかし、彼女たちの「権力」がどこまで自立したものだったかは評価が難しい。北条政子という人が非常に優秀だったことは間違いないと思いますが、その力の源泉はあくまでも源頼朝にあった。さらにいえば、政子の弟、北条義時とその息子である泰時が、北条家による支配を固めていくときに、頼朝のいわば身代わりとしての役割を果たしたともいえるでしょう。

興味深いのは、鎌倉幕府において将軍の妻だから力が持てたかというと、そうではないんです。二代将軍・頼家や三代将軍・実朝の妻たちは政治に関与していない。政治力を行使したのは政子だけなんです。これも政子という個人が突出していたこと、頼朝の存在が別格だったことなどがあいまって生じたことなのでしょう。

北条政子のように、政治的に強い発言権を持つ女性は、日本史の中でときどき登場します。しかし、それが政治システムの中に組み込まれることはほとんどない。政子の場合も、「将軍の妻」が正式なポジションとして確立されたわけではなく、あくまで彼女個人に限定された権力なんです。

つまり日本史において、女性は政治というシステムの外側に置かれてきたといえる。その証拠に、日本の歴史のなかで政治改革が行われるときには、まず最初に、女性や僧侶(祈禱師)が政治に口を出すのを止めさせろという議論が出てくる。これは、平安のはじめの薬子《くすこ》の変から江戸時代の大奥問題まで、繰り返し出てくる問題です。つまり、制度の外にあって、イレギュラーな力を行使する存在として、女性は恐れられてきたんですね。

なかでも、ワイルドカード的な存在だったのが遊女です。彼女たちは出自に関係なく、権力者に気に入られると、身分秩序を飛び越えて、大きな影響力を持つ。母親の出自が重要だった時代に、貴族の跡取りで母親が遊女というケースも少なくありません。近世以前の遊女は、いまでいえば芸能人に近くて、歌や踊りがうまい、美貌であるなどの特別な才能を持った人と考えられていた。いわば実力でのし上がってきた存在だった。

これは余談になりますが、江戸時代になると、遊女、女郎といった職業への差別意識が強くなっていきます。おそらく、これは性病の問題と関係していると思います。梅毒が日本に入ってくるのは戦国時代で、用心深い徳川家康などは遊女との接触を自ら禁じていた。

## 遊女の力

遊女が歴史的な事件を引き起こした例で有名なのは、後鳥羽上皇の寵愛を受けた亀菊という人ですね。彼女は後鳥羽から摂津国の荘園を与えられたのですが、この荘園の地頭が命令を聞かない、というので、後鳥羽が怒る。そして幕府に地頭を廃止せよと要求したことが、上皇と幕府の関係を悪化させ、承久の乱の一因となるのです。しかし亀菊は、敗北してすべてを失った後鳥羽上皇に、変わらず奉仕し、配流先の隠岐までついていく。なかなか男気（いや女気というべきか）のある人物なんです。

## 日野富子のマネーゲーム

もう一人、中世で政治権力を握った女性としては、ずっと時代は下りますが、室町幕府八代将軍、足利義政の正室だった日野富子が挙げられます。

先にも触れたように、足利将軍の正室は日野家が独占していて、義政の生母もやはり日野家の娘で富子の大叔母にあたります。富子は自分の子どもを将軍にしようと、義政の乳母を死に追いやったり、側室を追放したりと頑張るのですが、なかなか男子が生まれない。そこで出家していた義政の弟を還俗《げんぞく》させ（足利義視《よしみ》）、後継者に据えたところで、男の子（義尚《よしひさ》）が生まれてしまう。この義視と義尚のどちらが将軍になるのかという争いが、応仁の乱のひとつのきっかけとなったことはよく知られていますね。

一方でこれはあまり知られていないことですが、やっとのことで九代将軍となった息子の義尚は、一四八九年に富子より早く他界してしまう。それでも富子は一四九六年に亡くなるまで、自ら権力を握り続けるのです。だから、子どもを将軍にするという母心だけでは捕えきれない、権力志向やそれを実現する力を備えていた女性だといえると思います。

また富子は応仁の乱に際して、あちこちに金を貸すなど、金儲けがうまいことでも有名で、その遺産は約七万貫（今でいえば七十億円？）にものぼったと伝えられています。当然、それを悪く言う人も少なくなかったのですが、一条兼良という関白をつとめ、家格も最高で知識人の代表でもあった人物が、日野富子に学問を教えるなどして、一生懸命取り入っている。それだけの実力があったことは間違いありません。

## 北条政子は頼朝に何と呼ばれていたか？

女性の問題を考える上で、名前というのは意外と重要で、基本的には女性の本当の名前というものはほとんど残っていない。史料を読んでいくと、「うそ」とか「くすり」といった変な名前に出くわすこともありますが、滅多に登場しない。これも、女性が制度の外の存在だったことのあらわれかもしれません。

私たちは北条政子と呼んでいますが、源頼朝は彼女のことを政子とは呼んでいなかった。

彼女が政子を名乗るのは、京にのぼって天皇、上皇の前に出る際に、名前がないとまずいというので、父親の北条時政から一字をとって、政子としたわけです。なぜ時子じゃないかというと、たまたま平清盛の奥さんが時子だった。これも時子の父の名前（平時信）から一字をとっている。

女性の呼び名には、父親の影響がやっぱり強くて、紫式部なども父（藤原為時）の官職の式部に、『源氏物語』のヒロイン、紫の上から「紫」をとったとされています。和泉式部も、夫の任国（和泉国）と父の役職を合わせたもの。もっとも必ず父親の官職で呼ばれるかというと、そうでもないらしく、清少納言なんかは「清」は実家の清原氏なのですが、父の清原元輔は著名な歌人ですが少納言には就いていない。『蜻蛉日記』の作者、藤原道綱母や、『更級日記』の菅原孝標女《むすめ》に至っては、母とか女としか伝わっていません。

さらにいうと、平安時代の女官で二条、八条といった通りの名前がついている人は身分が高い。また紫式部が仕えていた中宮彰子のように「子」がつくのも相当に身分が高い。

藤原家の場合をみると、朝廷に上がる（入内）とき、裳着《もぎ》といってはじめてスカートみたいな裳をつけ、それまで垂らしていた髪を上で結い上げる髪上げを行う。つまり、当時の成人式です。それまでは長女だったら大姫、次女だったら乙姫などの幼名で呼ばれていたのが、そのとき名前もつけられるんです。こうしてみると、北条政子の場合もそうだけど、女性の命名というものは朝廷と深く関わっているとも考えられる。逆に言えば、朝廷などと無縁の女性は正式な名前を求められていなかったのでしょう。

## 女性城主を選んだ名将

時代はさらに下って、戦国時代になります。これは完全に武力優位の時代ですが、そのなかでの女性の位置づけとはどのようなものだったのか。

よく話題になるのは「戦国時代、女性の領主はいたのか?」。NHK大河ドラマ『おんな城主 直虎』で脚光を浴びたのが井伊直虎ですが、どうも男性説のほうが有力です。史料的にも確認できる女性城主はおそらく福岡の立花山城主、立花誾千代《ぎんちよ》くらいでしょう。

この人は大友家の有力家臣で、音に聞こえた猛将、立花道雪(戸次《べつき》鑑連《あきつら》)の一人娘でした。その道雪が隠居する際に、家宝の刀、茶器からお城、領土まで全部、娘の誾千代に譲ってしまった。とはいえ、このとき彼女はまだ七歳ですから、鎧兜を身に着けて戦場に出たりしたわけではないのですが、家督を譲るという文書がきちんと残されている、ほとんど唯一の例といっていい。道雪としては、娘にいったん家督を譲り、優秀な婿を迎えようと考えていたのではないでしょうか。実際、誾千代の夫となったのが名将の誉れ高い立花宗茂でした。

このように女城主なるものはほとんど存在しませんでした。しかし、実質的に優れた統治能力を発揮した女性は少なくないというのが戦国時代の面白いところです。

その代表を一人挙げるならば、やはり北政所と呼ばれた豊臣秀吉の正室、おねでしょう。朝倉義景・浅井長政との戦いで功績を挙げ長浜城主となった秀吉ですが、その後も各地で転戦を続け、長浜に腰をすえることなどできなかった。その間、秀吉に代わって長浜城を仕切っていたのがおねです。秀吉子飼いの武将たちの面倒をみるのも、政治、経済を回すのもおねが果たした役割が非常に大きい。その意味では、長浜城の事実上の城主はおねだったともいえるわけです。

おねさんが相当の人物だったことは、あの織田信長がおねに宛てて、懇切な手紙を残していることからもわかります。秀吉の女遊びがあまりに激しいので、おねさんは安土城の信長のところに訴えに行くんですね。それに対して、信長は、あのハゲネズミ（秀吉）がお前ほどいい女を得られるはずがない、お前も正室なんだから嫉妬などせず、堂々としていなさいという手紙を書くんです。おそらく秀吉は叱られて恐縮しながらも、殿のお墨付きで浮気が出来ると喜んだと思いますが（笑）。

この手紙が興味深いのは、信長がけして高い身分の出身ではないおねさんを大名の正室として、もっといえば一人の人間として、きちんと評価し、向かい合っていることです。信長という人が、身分など関係なく、人物本位で人と接していたことが分かる。

戦国時代というと、殺伐とした殺し合い、騙し合いの連続のように思えますが、秀吉とおねの関係にみられるように、今の私たちの感覚でも理解できる、男と女の、ある意味で対等な関係が生まれているようにも思えます。この時代は、特に大名のように経済的にも余裕のある層では一夫多妻制が普通なのですが、黒田官兵衛のように一夫一妻を選ぶ人も結構見られる。また肖像画などでも、夫婦をともに描いたものがあらわれるなど、男女が一対一で向かい合うという傾向をみてとることができる。

それとも関係するかもしれませんが、戦国時代の墓を発掘してみると、夫婦墓、つまり夫婦で二つ並んだお墓が多いそうです。おそらく夫婦墓の時代はまだ夫婦別姓なんです。それが江戸時代の元禄期あたりになると家族墓になります。この時期に寺請制度ができて、宗門人別帳などで住民を管理するようになる。すると、お墓が家単位になり、嫁いできた奥さんも○○家の墓にいっしょに入る。このあたりから夫婦同姓になっていくのではないか。いま残っているほとんどのお墓は、元禄以降のものです。

## 正室vs.産みの母

おねの話をしましたから、今度は淀殿の話をします。秀吉のように奥さんが複数いる場合、いったい誰が偉いのか。基本的にはもちろん正室が偉い。では、淀殿の権勢は何だったのか、ということで、九州大学教授の福田千鶴さんは淀殿も正室だったという議論を展開します。さらに淀殿だけじゃなく、秀吉の五人の妻はみな正室で、おねが筆頭、淀殿がナンバー2だと論じているのですが、私はやはりおねが正室で、淀殿以下はみな側室だったと考えます。もし秀吉の妻がみな正室だったら、ほかの大名でも同様のケースがあるはずですが、そんなことはありません。

こうした議論が出てくるのは、正室と側室では圧倒的に正室が強いはずなのに、淀殿が権力を持ちすぎたからです。

私たちの感覚とはずいぶん違うので、戸惑うかもしれませんが、この当時、本来ならば、秀吉の妻が産んだ子どもの母は、正式には正室である北政所ことおねなんです。淀殿は単に秀頼を産んだ「産みの母」に過ぎない。

そのことがよくわかる、加藤清正の書いた手紙を紹介しましょう。加藤清正の娘が、徳川四天王の榊原康政の息子、康勝に嫁いでいる。その娘が夫に頼んで、産みの母（清正の側室）に贈り物をしました。それに対し、清正は婿の康勝に叱責の手紙を書いているのです。――お前の妻（清正の娘）の母親は、私の正室である。自分で産んだかどうかは関係ない。贈り物をするのならば、まず正室に贈るべきだ――というわけです。

これはいわば格式の論理です。格式が上の正室に、今風に言えば親権が認められる。しかし、戦国時代とは実力原理の世界です。女性たちの世界でも、実力、すなわち実際に世継ぎを産んだ女性が力を持つケースも出てくる。淀殿はその典型例といえますが、加賀の前田家でも同様の事態が起こりました。

前田利家の晩年近く、秀吉が朝鮮出兵を企てたため、今の佐賀県にある名護屋城まで行かなければならなくなりました。そのとき、正室のおまつは、自分の侍女のおちょぼを、お世話係として利家につけて出します。すると、利家とおちょぼの間に子どもが出来てしまった。おちょぼは非常に気の強い女性で、殿の子どもを産んだのだから自分とおまつさんは同格だ、とおまつと廊下で会っても頭も下げなかったといいます。

利家には、おまつさんが産んだ利長という跡取りがいましたが、利長には子どもが出来ませんでした。そこでおちょぼが産んだ利常を養子に迎えて、跡を継がせたのです。そうなると、おちょぼさんはやりたい放題で、自分が日蓮宗の熱心な信徒だったので、能登の妙成寺を盛りたて、自分の兄を住職にしたのを皮切りに、身延山、京都、鎌倉、千葉などに仏塔などを寄進して、浪費の限りを尽くすのです。それが国家規模になると淀殿になり、豊臣政権を滅ぼす結果となってしまった。

しかし、私はそれもある意味、人間らしい姿かもしれないと思います。戦国時代とは、それまでの秩序、建前の世界が弱まって、人間本来のあり方が一番強くあらわれた時代でもあります。そうなると夫と妻も対等になり、インフォーマルな形であれ、力を持つ。子どもを産んだ母の力には逆らいがたい。そんな剝き出しの力強さを、戦国の女性たちには感じるのです。

## なぜ江戸時代に女性の地位は低下したのか？

ところが江戸時代になると、女性の地位ははっきりと低下します。庶民階層はともかく、武士などの上層階層では、女性の自由は制限され、家に縛られるようになります。

ちょっと前に政治家が女性を「子どもを産む機械」と発言して物議をかもしましたが、江戸時代の女性観はまさにその通りで、子どもが出来ないと「石女《うまずめ》」と呼ばれて離婚されたり、「腹は借り物」などというひどい表現もありました。要するに、種、すなわち父親が誰かということだけが重要なのであって、母親などはどうでもいいというもので、男系至上主義そのものです。

これが単なる言葉だけでなかったことは、三代将軍、徳川家光の妻たちをみればわかります。家光の側室のひとり、お振の方はなんと石田三成の曾孫です。もし彼女が世継ぎを産んでいたら、「三成の血を引く徳川将軍」となったわけですが、そのことを考慮した節はありません。女性の家系はどうでもいいわけです。その一方で、父親が誰かが問われるために、武士などの階層では女性の貞操、処女性がきわめて重視されるようになります。

密通が見つかった場合も、中世では所領の半分が取られるなどの罰則はありましたが、命まで取られることはなかった。しかし、近世になると、密通が見つかれば殺されることもある。

なぜ江戸時代になって女性の地位は低下したのか？　ひとつには儒教の影響が強まったことが挙げられるでしょう。またトッドさんの理論を援用しますが、儒教とは父系社会の倫理です。その倫理を取り入れるなかで、女性の自由は非常に制限されることになった。

さらにいえば、なぜ江戸時代になって儒教の影響が強まったかといえば、戦国時代が終わって、平和な時代になったからです。それまで各地の戦国大名が持っていた統治権が、徳川幕府に一元化され、平和がもたらされた。その代わりに、徳川幕府が求める秩序を実現するために、戦国時代まで享受されてきた自由（これは自力救済の別の側面でもあるのですが）は大幅に縮小されていく。

その意味では、自由が制限されたのは女性だけではありません。男性、それも大名でさえ身分制秩序でがんじがらめにされて、生涯かけて江戸城で畳半分、将軍に近づくことができたら大出世というような世界になってしまう。その厳しい秩序を正当化する論理として、儒教が導入されたわけです。前にも論じたように、秩序、システムが強化されると、真っ先に排除されるのが女性でした。

こうしてみると、「日本は昔から女性の地位が低かった」と批判されるときの「昔」とは、相当の部分、江戸時代を指していて、それ以外の時代には、女性はその時代なりの地位を占め、影響力を発揮していた、といえるでしょう。

これが明治になると、江戸的な秩序の呪縛に反発する女性たちが出てきます。その代表が平塚らいてうなどのいわゆる「新しい女性」たちなのですが、彼女たちをみていると、しばしば放埒と言いたくなるほど複雑な男女関係を持っています。たとえば平塚らいてうは、漱石の弟子の森田草平と心中未遂事件を起こしたかと思えば、年下の男性と大騒ぎののちに同棲する。「若いツバメ」という言葉は、この事件から生まれたものです。しかし、これも歴史的に考えてみると、女性が男性と対等に渡り合おうとしても、経済や政治の領域ではまだ戦える土俵が整っていない。最初に男と五分で向かい合えるのは、性の領域だったのだと思います。そう考えると、もっともな展開だったといえましょう。

# 第七回　経済を知れば日本史がわかる

## 歴史の「リアル」に迫る

私が歴史についていつも心がけているのは、出来るだけ、その時代の「リアル」に迫りたいということです。経済を論じるときも、たとえば「鎌倉武士の年収って、いまのサラリーマンでいえばいくら？」（これは私が試算してみました。結果は後ほど）とか、古代日本の経済規模はどのくらいになるのかが知りたいし、そのリアルな感覚を押さえることなしに歴史像は描けないと思うのです。

もちろん、それは簡単なことではありません。そもそも近代的な統計などありませんし、残っている史料も限られている。ましてや現代との比較は条件も違いすぎる。だから歴史の研究者は、そういう説明を避けたがる傾向が強い。たとえば江戸時代の専門家に「一両小判って、今でいうと大体どのくらいの値打ちがあったんですか？」と聞いてみると、「時期によっても違うし、不正確なことは言いたくない」と返ってくることが多いんですね。これは一見、正しさを追求する歴史研究者の誠実さのように思えますが、「ざっくり、どのくらい」という議論は、本当は必要なんです。一両が今でいえばいくらか、おおまかにでも示すことができないと、当時の人々にとっての重みをイメージすることができません。

　というわけで、今回は経済です。ただ近代以前の経済というと、やはり中心となる産業は農業です。その意味では「土地」の章でみてきたような土地所有の議論などもおさらいしつつ、流通や交通、さらには文化など様々な角度から、日本という国の経済の流れを、大づかみにみていきたいと思います。

## 一万円札はいくらなのか？

　では、まずお金、通貨に注目してみましょう。

　よく歴史のクイズでは「日本最古の通貨は何でしょうか？」という問題が出されます。これまでは「七〇八年に作られた和同開珎《わどうかいちん》」が一応の正解とされてきたのですが、一九九〇年代になって「富本銭《ふほんせん》」というものが藤原京や飛鳥京の跡から出土してきた。年代的には確実に和同開珎より古い。しかし、古代史の研究者の間では、「富本銭ははたして最古の通貨といえるのか」がいまだに論議されています。つまり、富本銭は祭祀に使うようなおまじない用のものだったのではないか、実際には最古の貨幣は和同開珎でいいのではないか、というわけです。

しかし、私が出題者ならば、「和同開珎」も「富本銭」も、どちらも正解とはいえません。なぜか？　それを説明するのに、もう一問、クイズを。

ここに日本銀行発行の一万円札がありますが、これは一体いくらでしょうか？　このクイズを子どもたちに出すと、ふつうに「一万円」という答えが返ってきたりしますが、それじゃダメなんだな、少年よ。それではクイズは成立しないから、もっと頭を使わないと。私が用意している答えは「およそ二十円から三十円」。つまり、一枚のお札をつくるのに必要な製造原価は、そのくらいなんですね。

では何故コストでいえば二十円の紙切れを、私たちは一万円の価値があるとみなして、日々交換しているのでしょうか？　それは①日本政府が一万円の価値があるというお墨付きを与えて、かつ、②私たちがそれを承認して使用しているからです。前にも述べましたが、お金は使われるからお金なんです。誰も使わなかったら、一万円札には、二十円の価値さえないでしょう。

そう考えると、富本銭はもちろん、和同開珎ですら、実際には畿内などごく一部を除くと、ほとんど使われていないのです。しかも、当時の日本の銅の産出量の少なさからしても、到底、経済を回すほどの流通量ではありませんでした。貨幣が作られたことと、実際に貨幣経済が行われていたこととは、まったく別の話なのです。

古代においてはまだ貨幣経済が普及していなかった、というのが、日本史のリアルです。むしろ、物々交換や、米や絹、布などのいわゆる物品貨幣のほうが主流だった。

とはいえ、古代経済の実態を知る手がかりがないわけではありません。たとえば、一九八六年、奈良で長屋王の邸宅跡が発見され、そこから十万点を超える木簡（木の板に書かれた文書）が出土しました。

長屋王というのは、父方の祖父が天武天皇、母方の祖父が天智天皇という当時の有力皇族で、元正天皇の時には右大臣をつとめるなど朝廷のトップに立つ人物でした。それが七二九年の長屋王の変で、藤原不比等の息子たちに攻められて滅びてしまいます。その長屋王の邸宅跡から出土した木簡をみると、当時、最高権力者であった彼のもとへ、全国からさまざまな品、食料などが届けられていたことが分かり始めた。そこには食事のメニューなどもあって、なかなか豪華な生活をしていたらしいこともうかがえます。そこから、古代経済のリアルにどこまで迫るかが、今後の課題だといえるでしょう。

## 古代に魅せられた少年時代

経済と深く関わっているのが文化です。文化のあり方を考えると、その時代の経済のあり方も見えてくる。

ここでちょっと、個人的な思い出話になります。必ず経済と文化の話に戻ってきますので、ご心配なく。

私が小学四年生のときです。親が頑張ってくれたのだと思いますが、京都・奈良をめぐる、わりと長めの旅行に連れて行ってもらいました。そのとき、本郷少年は、奈良の仏教文化に触れて、こんなに美しいものが世の中にあるのか、という衝撃を受けたのです。法隆寺、唐招提寺などの建築、薬師寺の三尊像、興福寺の阿修羅像や五部浄像などに感激して、すっかり歴史少年になってしまいました。それから中学・高校でもいわゆる歴史クラブに入りまして、夏休みなどには京都や奈良のあたりをうろつくわけです。そのとき、一緒に安土城のあった繖山《きぬがさやま》にいって、観音正寺に一週間ほど泊まったり、琵琶湖の周りのお寺をめぐったりしたのが、後に建築史の第一人者となる後藤治君（現・工学院大学理事長）

です。

だから、日本の美は古代にあり、古代文化こそ最高だと信じて疑いませんでした。たとえば、同じ五重塔、三重塔をみても、江戸時代のものは、とにかく大きいものを造りたいというので、高いことは高いのですが、軒が浅くなって、ひょろひょろしている。少しも堂々としていなくて、不格好なんです。薬師寺東塔の美しさとは比較にならない。仏像にしても奈良時代の天平仏、平安初期の貞観仏が頂点である、と考えていました。

その考え、いわば古代至上主義が一変したのは、大学に入ってからです。私の師匠である石井進の著作を読んでいたら、そこに高柳光寿《みつとし》という歴史学者の言葉が引かれていた。この高柳という人は史料編纂所で『大日本史料』の安土桃山時代を担当し、実証的な研究で戦国史研究をリードした人物ですが、その高柳が、古代の文化と戦国時代の文化はどちらが優れているか、と問うのです。優れた美術品などをみれば、古代だと思うかもしれないが、実はそうではない、それは升をみればわかる、と。それまでの升は大きさがそろっていなくて、税金を取ろうにも一定の基準さえ決められなかった。それが戦国時代を経て、織豊政権になると、升の形、大きさが全国一律になる。つまり、度量衡が統一されたことで、はじめて全国規模での統治も可能になるし、地域を超えた商売もスムースに行われるようになった。この一事をとっても、織豊時代のほうが文化は進んでいるのだ、と論じるのです。

これを読んで、私はバットで後頭部を殴られたほどの衝撃を受け、中世を勉強するようになりました。つまり、文化というものを考えるときには、社会全体からの視点が必要だということです。

## 遣唐使廃止の意味

これまでも繰り返し論じてきたように、古代の日本は、中央の、ひと握りの上層部と、それ以外の差がはなはだしい社会でした。それは、あえていえば中国という先進国との差だったともいえます。

律令制、そして「宗教」の章で触れた南都六宗もそうですが、奈良時代から平安初期、日本のトップ層は、きわめて高いレベルで、中国文化を受容します。『懐風藻《かいふうそう》』という日本最古の漢詩集が作られたのもこの時期ですが、当時の知識人は、漢文はもちろん、平気で漢詩を作っていました。そこから、阿倍仲麻呂のように、留学先の唐で科挙に合格し、役人として出世して、李白や王維といった超一流の文人たちとも交流するような人物も生まれました。

古代日本の中国文化受容の象徴が、遣唐使です。先に挙げた阿倍仲麻呂のほかにも、吉備真備や玄昉《げんぼう》のように政権を担う者、山上憶良《おくら》や橘逸勢《はやなり》などの文化人、最澄、空海など宗教界を一新する人材が、中国に留学し、進んだ文化をキャッチアップする。しかし、トップクラスの知識人たちと、一般社会とのへだたりは非常に大きい。それが奈良時代から平安初期にかけての日本の姿でした。

逆にいえば、それまで日本の朝廷は、まがりなりにも律令的な建前を実現し、自分たちの支配を確立しようとして、無理をしてきたともいえます。たとえば、「地域」の章に出てきた坂上田村麻呂に東北遠征を命じた桓武天皇は、同じ時期に、平安京への遷都も行っています。しかし、藤原緒嗣《おつぐ》から「軍事と造作」、すなわち東北平定と平安京の造営が人々を苦しめているから止めてくださいといわれ、中止せざるを得なくなるのです。

唐の国情の悪化もあり、八九四年、遣唐使が廃止されます（九〇七年、唐の滅亡）。これは国風文化が花開くなどのプラスの面ももたらしますが、一方で、律令的経済が本格的に崩壊していく時期でもあった。日本の実情とは合わず、非現実的な政策だったとはいえ、それまで唐の影響下で取り組んできた律令制は、一層、形骸化していきます。そうなると、朝廷による統治もたがが緩みきってしまう。だんだん国司は任地にも行かなくなり、地方に派遣した部下たちはやりたい放題、とれるところから税金として徴収する。つまり「公平性」がない、貴ばれない状態になっていきます。

## 貿易の交点・博多

鎌倉時代の『古今著聞集《ここんちょもんじゅう》』という説話集のなかに、面白い話があります。大江匡房《まさふさ》という平安後期の貴族で、八幡太郎義家に兵法を教えた伝説もあるほどの知識人が、大宰権帥《だざいのごんのそち》に任命される。任期を終えて、京都に帰ってくるとき、匡房は二隻の船を用意させた。そのうちの一隻は「道理の船」といって、律令上定められた大宰権帥としての正当な収入が積まれていた。そして、もう一隻は、本来、律令などに照らしたら問題のある賄賂、裏金、略奪品の類が積まれた「非道の船」だった。ところが、「道理の船」は沈んでしまい、「非道の船」だけが無事に都に着いた。これを知って、匡房は世も末だなあと嘆いたという話なんです。

これは一種の寓話なんですね。そもそも大江匡房という人はけっして酷吏ではなく、むしろその反対に、立派な役人という定評のあった人なんです。その匡房ですら不正な蓄財をしていて、しかも正しい道（道理の船）は沈んで不正なやり方（非道の船）だけがまかり通っている、というわけです。

とにかく政治の不在、地方に対する統治意識の不在はますます顕著で、当時の貴族の日記を読んでいるとそれがよくわかる。当時の朝廷の会議、今でいえば閣議のようなものに参加しても、どんどん儀式化されていって、内実を失っていくのです。そもそも会議でよく喋る奴は慎みがない、ということがマナーとして定着してしまって、あまり発言してはいけない。

さらには、政策の一貫性や継続性についてもほとんど関心がなくなっていきます。受領《ずりょう》功過定《こうかさだめ》といって、任期を終えた受領国司に対する査定などもあったのですが、この内容をみると、逆に難しすぎて、とても実行できたとは思えない。

貴族たちの関心は、とにかくどれだけ豊かな土地に任命されるか、それから自身は任地に赴かないわけですから、部下たちがどれだけ貢ぎ物を持ってくるか、でした。そのなかでみんなが任命されたがった国が、瀬戸内海沿岸の国々、とくに播磨《はりま》国（兵庫）なんです。

やはり播磨は京都からも近いし、国も大きい。そのさらに上が太宰府で、九州全域を支配しているうえに、博多という港を押さえることができるわけです。

この時期になると、商人たちが独自で行う交易が少しずつ発達していきます。そのひとつが日本海交易です。蝦夷地で海産物などを仕入れて、沿岸の泊《とまり》、湊《みなと》をいくつも経由し、福井の小浜あたりで荷揚げして京都に運ぶ。さらには、北陸から山陰地方を回って、最終的には博多に入港するというルートができてくる。ヨーロッパになぞらえるなら、瀬戸内海が地中海で、日本海交易は北海貿易、バルト海貿易にあたります。

この日本海交易と瀬戸内海交易の二つが交わるところ、それが博多でした。さらに、朝鮮半島、中国大陸への海の玄関でもあった。この当時から、博多には中国人が住んでいたという記録もあります。つまり、チャイナタウンができていた。その博多に目をつけたのが平清盛ということになるのです。

## 大消費者としての皇室

さて、平安後期、地方から吸い上げられた富はどこに行くのか?

この時期に始まる院政を経済的な視点から論じたのが、中世史家の本郷恵子さんです。私の妻でもあり、東大史料編纂所の同僚でもあります。彼女の理論によると、上皇とは「蕩尽」する存在である。全国から様々な産品を集め、豪華な建物を作り、消費の限りを尽くす。ところがその莫大な消費を満たすために、産品の生産、流通が盛んになり、雇用も生まれて、京都を中心とする経済的ネットワークが整備されていき、経済が活性化していくという効果をも生んだ、というわけです。

その上皇の経済的基礎となったのが広大な荘園です。「土地」や「女性」の章でも見たように、荘園をめぐる権利の頂点には天皇が位置する。もともと最大の資産家である上に、その権力に取り入るために、有力者たちから様々な献上品が贈られてくる。たとえば京都の三十三間堂。これは、もとは後白河上皇の機嫌をとるために、平清盛が建てたものですが、当時の名だたる仏師たちに千体を超える千手観音像まで作らせた。まさに文化から、院政経済のあり方がうかがえる一例といえるでしょう。

しかし、もともと公地公民における天皇像は、記紀に記された仁徳天皇のエピソード、――民の家々の竈《かまど》から煙が上がっていないのをみて、税金を免除し、自ら倹約に励んだ――というものだったはず。上皇が個人的に富を吸い上げ、消費に勤しむ姿は、倫理的にも、清貧や公平という律令的理念の放棄でした。しかし、経済的には院政期のほうが良かったかもしれない。後白河上皇は当時の流行歌である今様を愛好して『梁塵秘抄《りようじんひしよう》』を編纂するなど、庶民文化をも貪欲に吸い上げていったわけです。

## 中国からやって来た銅銭

院政期、京都が消費の中心地として拡大していく流れに乗ろうとしたのが平清盛でした。清盛は日宋貿易に着目して、京都の外港として福原（兵庫）に港をつくります。これが後の神戸港ですね。それから瀬戸内海の航路を広げたりして、ひと続きの海として整備した。神戸と博多を結ぶ途中に、宗教的・経済的拠点としたのが広島の厳島神社です。

興味深いのは、日本と南宋のあいだには正式な国交はないんですね。だから清盛のやっていたのは一種の私貿易なのです。もともと清盛は大宰大弐を務めていました。それまで百数十年の間、大宰府の長官は現地には行かないという慣例ができていたのですが、清盛はそれを破り、やがて弟の頼盛を大宰大弐として現地に送り込んでいます。そうやって大宰府を完全に掌握して、博多から莫大な富を吸い上げていった。

この当時は貿易船といっても、まだ竜骨がない、いわゆるジャンク船でした。日本と中国を行き来するときに、バラスト（重し）が必要なのですが、日本から中国に行くときには材木をバラストにしたようです。鎌倉時代、中国の禅宗の僧侶が日本の弟子に、寺を建てるから材木を送ってほしいと手紙を書いているのですが、日本からすれば材木は数少ない輸出品でもあった。

では、中国から日本に来るときは、何をバラストにしたのか？　実はそれが銅銭だったのです。清盛による日宋貿易の結果、大量の銅銭が中国から流入します。このあと、日本国内で銅銭が造られるのは江戸時代のことでした。冒頭の「日本最古の通貨は何か」という問いに、私なら、和同開珎でも富本銭でもなく、清盛が輸入した宋の銅銭だったと答えるでしょう。銭というものは、大量に出回ってはじめて、通貨として機能するわけですから。

## 鎌倉武士の年収は？

しかし、こうした平清盛の先進的な経済政策は、源頼朝によっていったん挫折します。

頼朝の方針は、なんといっても商業よりも農業。徹底的な土地重視と倹約です。これはずっと後になりますが、五代目執権の北条時頼の時代になっても同様で、時頼が一族の若い武士を招いて酒を飲もうとするが、肴がない。すると、若い武士が味噌を見つけてきたから、ああ、それで十分だといって、味噌を舐めながら酒を酌み交わしたというエピソードが『徒然草』に記されているほどです。

倹約一辺倒の頼朝が珍しく力を入れた文化事業が南都復興でした。これは平家の焼き討ちにあった東大寺や興福寺などを再建するという大事業で、俊乗坊重源《しゅんじょうぼうちょうげん》という僧侶が東大寺大勧進職として、復興のための寄付を集めて回ります。そのとき一大スポンサーとなったのが頼朝だったのです。

ちなみに歌舞伎の『勧進帳』で、逃避行を続ける義経一行はこの東大寺復興の寄付を集める山伏を装っています。だから弁慶が寄付を求める文書、すなわち勧進帳を読み上げるわけですね。

さて、父の康慶、快慶などとともに、この南都復興の作業にたずさわった仏師の一人が天才・運慶です。彼は後に北条時政をはじめとする鎌倉幕府の指導者たちのオファーを受けて、関東でも優れた作品を多く残していますが、やはり私には、運慶の写実性、力感溢れる表現には、鎌倉武士たちとの交流が影響しているように思われます。

では、鎌倉時代、武士はどのくらいの収入があったのか。歴史のリアルを追究する私としては、避けては通れない問いです。

そこでひとつの目安としたのが、新補率法《しんぽりっぽう》という取り決めです。これは承久の乱の後に作られたものですが、承久の乱で後鳥羽上皇側の荘園が没収され、鎌倉幕府の御家人たちに恩賞として与えられます。そのときの武士の取り分の最低ラインを、幕府が定めたのがこの新補率法なのです。たとえば田んぼが十一町あったとすると、そのうち一町は自分のものにしていい、というような定めです。当時、御家人としてやっていける武士が持っている荘園は、だいたい二百町くらいなんです。そこを一つの基準として今のコメの値段を仮に十キロで五千円として計算すると、計算式ははぶきますが、ざっと二千万円。これはあくまで新補率法で決められた最低ラインですが、御家人クラスでそのくらいの収入だった、とイメージしてください。

この試算の結果を本郷恵子先生に報告したら、「私が史料を読んでいる感じでは、中級の貴族だと、その十倍くらいかなあ」という答えが返ってきました。つまり、およそ二億円です。この数字もかなりいい線いっていると思います。

というのは、この当時、「成功《じょうごう》」といって、官職を買うことが横行していたのですが、単なる名誉のための官位だけではなく、利権が伴う国司のようなポストまで売りに出されるようになってしまう。史料で確認できるもので、最も高額だった事例が三河の国の国司で、文永元年（一二六四年）、平敦朝という人が三千六百貫で買っています。一貫がおおよそ十万円だから、三億六千万円で買ったことになる。ということは、三億円出しても、国司になればそのくらいは稼げるということですね。国司というのは朝廷の貴族のなかでも、今でいう大臣クラスになれないレベルなんです。もっと上の中納言とか大納言以上の貴族はさらに高い収入を得ていたと考えられます。

もちろんこれはごく大まかな試算に過ぎませんが、経済的には鎌倉と京都では大きな差があったことはわかると思います。

その鎌倉武士たちも、やがて貨幣経済の大波にさらされるようになります。ことに一二二五年から一二五〇年の間に、日本列島に急速に貨幣経済が浸透していく。それは土地を売買するときの証文が、○○石というコメによる表示から、○○貫と銭による表示に変わっていくことからも確認できる。これは「土地」の章でも触れました。

興味深いのは、この時期に承久の乱（一二二一年）が起きていることです。これによって御家人たちは西国にも所領を持つようになります。そして、鎌倉幕府は朝廷の監視のために六波羅探題を設置するのですが、やがて京都の治安維持にも関わるようになる。武士が全国を治めるようになってきたわけです。

その頃、武士たちの世界にも、陶器や茶道具などの品が入ってくるようになります。つまり土地のような不動産ではない価値、動産の経済が入ってくるのです。しかし鎌倉の武士たちはモノが欲しくても売るものがありません。そこで彼らが持っている唯一の資産である土地を手放すことになります。こうして経済的に困窮した御家人を救おうと、幕府は徳政令を出して、彼らに土地を取り戻そうとしますが無理な話で、鎌倉幕府は崩壊に向かいます。

## 京都の富に依存する室町幕府

こうしてみると、足利尊氏が京都に政権を置いた理由もはっきりみえてきます。鎌倉に拠点を置いたために、鎌倉幕府は貨幣経済の浸透に対応できなかった。となると、カネとモノが集積する京都を押さえないと、政権運営はできないのではないか。そう考えたのだと思います。

では、このとき京都にはどれだけの富が集まっていたのでしょうか。一三〇六年、鎌倉後期のことですが、室町院領という皇室の荘園群の収支決算の史料が残されています。これは四十カ所の荘園から成り立っているのですが、その年貢の合計が五千貫。すなわち年に五億円の収入があったことになります。

当時の天皇家の荘園群を代表する、八条院領を構成する荘園が二百二十カ所、長講堂領が百八十カ所。するとそれぞれ二百億円くらいの年収があったと試算できる。こういうのが他にもたくさんありました。他の地域とは比較にならない規模の経済が、京都では動いていたわけです。

そこで室町幕府は、完全に京都という都市に依存する形で、財源を確保します。結局、全国の物資、それからお金はみな京都に集まってくる。その京都を狙い撃ちすれば、コストをかけることなく、税収が確保できるわけです。たとえば酒屋役《さかややく》、土倉役《どそうやく》といって、酒屋や倉庫から税金を取る。酒屋も倉庫も逃げませんから、徴税コストがかかりません。たとえば地方にいる武士から税金を取ろうとしても、取りはぐれる可能性もあるし、手間がかかって仕方がない。

それまで京都を掌握していたのはやはり朝廷でした。検非違使庁という役所を通じて、京都の商業を保護し、上前もはねていたのが、次第に室町幕府の侍所が取って代わる。

では、地方からは税を取らないのか、というと、そうではない。ただ取り方が違うのです。

室町幕府は地方に守護を派遣しました。守護は貴族社会の国司と同じで、任地には部下を派遣して、自身は京都で生活していたのですが、幕府は、お金が必要になると、守護に命じて、お金を出させる。それは領国の数によって異なります。領国が一カ国ならいくら、二カ国ならどれだけと決められている。たとえば、今度大工事をするからといっては、だいたい数千貫、つまりいっぺんに数億円ずつ徴収するわけです。

鎌倉時代の武士は散在といって、たとえば自分のもともとの土地（本貫）が関東にあって、鎌倉にも屋敷がある、新しく西国にも褒美の土地を貰った、という具合に、所領をばらばらに持っているわけです。それが室町期になると、ある程度、土地をまとめていく一円化が進んでくる。

さらに三代将軍・足利義満の頃になると、幕府の体制がほぼ固まって、守護大名もおおむね固定化してきます。そうなると守護大名たちは自分の土地から利益を上げるために、それなりに努力するようになる。自国へのケアや地元産業の育成などを考え始めるようになるのです。この時期、加賀や丹後などの絹織物、美濃焼や瀬戸などの陶器、備前の刀といった地域の特産品が生まれてくる。それがまた京都に流れ込んでくるのです。

## 日本文化の原型をつくったダメ将軍

室町時代の経済・文化を考える上で、もうひとつ大きかったのは日明貿易の影響です。この貿易でもたらされる品々は「唐物《からもの》」といって非常に人気があった。唐物といっても、中国だけではなく、水牛の角や虎の皮、豹の皮など東南アジアも含め、様々な地域の文物が入ってくる。

また輸入される量もこれまでとは桁が違っていて、庶民レベルにまで唐物が入り込んでくる。たとえば少し時代は下りますが、尼子氏という戦国大名の城下町を発掘してみると、中国の陶磁器がざくざく出てくる。それも高級品ではなく、茶碗など日常的に用いるような雑器などが大量にあった。

室町時代の文化というと、茶の湯や雪舟の水墨画に代表されるように、幽玄、侘《わ》び・寂《さ》びの文化だというイメージがあります。しかし、近年の研究では、室町とはまず唐物万歳の文化が花開いた時代だったと考えられるようになってきました。だから、初期の茶席は実は、唐物をずらりと並べた極彩色の文化でした。今風にいえば、派手やかな輸入インテリアやグッズをしつらえ、目にも鮮やかに彩られた掛け軸を飾り、外国のフルーツとともにお茶を飲むというものだったわけです。

それに対して、室町中期くらいになると、この唐物を日本的な美意識のもとで調和させようという動きが出てくる。それが東山文化です。

八代将軍・足利義政は政治的にも軍事的にも無力としかいいようのない人物でしたが、文化的に見ると、まさに義政周辺から「日本的」とされる文化、生活様式が作り出されてくる。たとえば書院造。畳があり、床の間があるといった日本家屋の原型がつくられ、そこで花を生けたり、お茶を飲んだりといった生活文化が形成されていく。

この書院造にしても、もともとの発想は唐物をいかに活かすか、なんですね。床の間や違い棚などは、唐物の茶器や花入れ、香炉などを格好良く配置するための工夫なのです。こうした新しい美意識をリードしたのが義政などの将軍の周りにいた同朋衆《どうぼうしゅう》です。代表的なのは能阿弥、芸阿弥、相阿弥の三代で、書院座敷の様式をつくり、書画の鑑定、連歌、庭のデザインなど、当時の芸術・文化の最先端を担っていました。

もうひとつ東山文化の特徴は、庶民の流行、地方の産品などを取り入れたものだったことです。唐物と和物、先に挙げたような国産の陶器や和紙などを取り合わせていく。あるいは、大和や近江で流行していた猿楽を京都で洗練させて、能として完成させる。これは、京都という都市の旺盛な咀嚼《そしやく》力を示すと同時に、それだけ地方の経済、文化も力をつけてきたことをあらわしています。

さらに、それまでの都の上流階級の文化との大きな違いは、従来の文化が一般庶民とは隔絶したものだったのに対して、東山文化が庶民でも取り入れることのできるソフトウェアだったことです。これは義満の建てた金閣寺と義政の建てた銀閣寺を比べるとイメージしやすい。やっぱり義満の頃は室町幕府の絶頂期で、一言でいえばとっても豊かだった。その富の象徴がゴージャスな金閣寺で、あんなものは真似のしようがないわけです。それに対して、義政の頃になると幕府の勢力は衰え財政難に苦しんでいた。つまりお金をあまりかけずにカッコ良いものを作ろうというのが東山文化であり、侘び・寂びだったといえる。その分、上流以外の人々にも取り入れやすかった面があると思います。知恵を絞り、余計なものを削ぎ落として洗練させていくという志向は、この東山文化がひとつの源流となっているといえるのではないでしょうか。

## 信長の旗印は「銭」

そこで応仁の乱（一四六七―一四七七年）です。この戦乱によって、富と文化の集積地であった京都は疲弊してしまう。そこで文化・芸能の担い手たちは新しい顧客を求めて、京都を離れていきます。現在、小京都と呼ばれる地方都市は、この時期に形成されたところが少なくありません。たとえば当時「西の京」と呼ばれた山口には、有力守護である大内氏の庇護を受けるために、日本を代表する水墨画家・雪舟が移住してきます。また関白・一条教房《のりふさ》は戦乱を避けて、高知の中村（現・四万十市）にあった所領に下向、ここに碁盤の目状の町並みを作り上げました。こうして都の文化が地方に伝播していったのです。応仁の乱が長期化し拡大した要因のひとつは、将軍・義政の後継争いですから、ここでも義政の無力・無能さが日本文化の形成に貢献したといえるかもしれません（笑）。

都から地方へ。京都が疲弊し、そこに依拠していた室町幕府体制が機能不全になっていくなかで、守護大名たちも自分の領地に帰っていきます。しかし、長らく京都に活動の主軸を置いていた守護大名は、なかなか戦国大名への転身がうまく果たせなかった。そこで、現地の責任者だった守護代や、国人領主などから新しいリーダーが生まれてくるのです。

地方に根ざした戦国大名たちは、自国へのケアや投資を積極的に行いました。その最たるものは治水事業です。一番有名なのは武田信玄が築いた信玄堤です。莫大な費用と労力を投入し、河川の氾濫を抑えて、農地を拡大していく。先にも触れたように、こうした動きは室町期にも萌芽が見られましたが、本格化するのは戦国大名になってからのことです。古代以来の中央の権力が地方へのケアなど考えず、税金などは「取れるところから取る」ことに終始してきたのに対して、地方に投資して、「満遍なく取る」という発想が生まれてきたわけです。つまり領国を「経営」するという考え方が登場するのです。

とはいえ、戦国武将たちが領地にもたらしたのはいいことばかりではありません。食糧や働き手などを徴収されたり、田畑が戦場と化したりと、領民にとっては災いを持ち込む存在でもありました。それでも、今なお各地で戦国大名が英雄として語り伝えられているのは、彼らが孫子の代までその土地にずっと張り付いて、領民たちと運命をともにしてくれる存在だったからでしょう。その意味では、領民たちがその土地に存在し続けることを肯定してくれる権力が、はじめてあらわれた。

前にも述べましたが、戦国大名の主流は「地方経営」派です。それに対して、流通を軸として、全国支配を考えたのが織田信長です。

もちろん戦国大名たちも流通・貿易の重要性はよく知っていました。上杉謙信も直江津（新潟）の港を拠点に、青苧《あおそ》という繊維の原料を京都に運ぶ日本海貿易で莫大な利益を上げていました。またキリシタン大名としても知られる九州の大友宗麟は南蛮貿易で得た経済力を背景に、一時は九州のうち六カ国を支配します。大友氏の拠点だった大分府内にはチャイナタウンもありました。

しかし、経済を主体として考えると、地域とか領国といった区分はむしろ邪魔でしかない。だから全部ぶっ壊して、日本全国規模の流通網を構築する——。こんなことを考えていたのは、私は織田信長だけだったと思います。

信長が京都を目指したというのも、そこに将軍や天皇がいたからというよりも、経済・流通の拠点としての京都、さらにはその外港としての堺を手に入れたかったからでしょう。信長の旗印は永楽銭でした。銭の力こそが世の中を動かすという認識が、信長にはあった。

その信長の後継者である豊臣秀吉も、基本的には経済重視派です。だからこそ家康に自分の石高以上の領地を与えたのです（家康の領地は二百五十万石。秀吉の直轄領は二百二十万石)。京都、大坂、金山・銀山など経済の拠点を押さえていれば、自分の優位は揺るがないと考えていた。戦乱で荒廃していた博多の復興事業(太閤町割り)も手がけています。

そうなると、朝鮮出兵はむしろ秀吉的ではないやり方だったように思います。当時、スペイン、ポルトガルといった西洋列強でも、マニラやマカオなどの「点」を支配して、流通を握る方式で、アジアに進出しています。こちらのほうが、秀吉西国政権にはふさわしいのに、朝鮮半島に上陸し、とにかく土地を征服していくという戦い方を選んでしまった。オランダやイギリスなどが植民地を「面」で支配するようになるのは十八世紀以後のことで、それには圧倒的な物量が必要となります。あれほど兵站の重要性を知り尽くしていた秀吉が、朝鮮半島では現地での略奪に走ることになる。もし秀吉が信長以来の経済路線を続けていたら、豊臣政権の行方も変わっていたかもしれません。

## 銭本位制からコメ本位制に〝後退〟した理由

西国政権の色彩の強かった豊臣政権から、江戸を拠点にした徳川体制への転換は、これまでにも詳しく論じてきました。ここでは、通貨について考えてみたいと思います。

このときに起きたのは、いわば銭本位制からコメ本位制への転換でした。織豊時代には銭をもととする貫高制が取られていましたが、江戸時代になるとコメが基軸通貨となります。領地は石高で表示され、税金も基本的にはコメで納めることにしたわけです。

物品通貨から貨幣に移行するのが、一般的な経済史の常識です。なぜ江戸時代に、銭からコメへという逆転現象が起きたのでしょうか?

以下は、私の仮説です。家康が天下をとったことによって、はじめて日本列島をひとつのまとまりとして統治する政権が生まれた。そのときに全国的に公平な統一基準というものが必要となったのではないか。銭本位経済は先進地ではスタンダードたりえたかもしれませんが、関東地方や東北地方でそれについていくのは非常に難しかった。そこで一歩後退して、コメを全国共通の尺度として採用したのではないか。

ただし、もともとは熱帯産の植物であるコメで税金を納めなければならなくなったために、東北地方は冷害による不作、飢饉といった大きなハンディを負うことになりました。とはいえ、銭本位制だったらもっとダメージは大きかったかもしれない。あるいは東北地方だけ別のルールを適用せざるを得なかった可能性もあるでしょう。

しかし、江戸が政治の中心となっても、しばらくの間は、やはり京都、大坂が経済、文化の先進地域であったことは変わりませんでした。この時期でも京都、大坂は「関西」とは呼ばれていません。なんと呼ばれていたかというと「上方」です。京都、大坂が上で、それ以外の地域は下だったわけですね。

それをよくあらわしているのが「くだらない」という言葉です。先進的なものはみな上方からやってくる。特に江戸時代、酒造りといえば池田、灘などの上方で非常に発展します。余談ですが、当時は、お酒は樽から計り売りされていたのですが、その場で「ちょっとだけ飲ませてくれ」といって飲むのを「居酒《いざけ》」と言いました。そこでちょっとした料理を出すようになったのが居酒屋です。

お酒にしても何にしても、江戸の人間にとって、上方から下ってきたものが高級品なんです。それに対して、下ってこないもの、上方のものでない品は品質が落ちる、すなわち「下らない」という表現が生まれた。東西格差をあらわす言葉だったわけです。

江戸時代には、陸の東海道が経済の大動脈となるとともに、海の太平洋交易も盛んになります。菱垣《ひがき》廻船、樽廻船といった船が仕立てられ、西の進んだ物品が関東に運ばれるようになる。

文化においても同様で、元禄文化（十七世紀後半—十八世紀前半）を代表するのは、『世間胸算用』の井原西鶴にしても、『曾根崎心中』などの劇作で知られる近松門左衛門にしても、みな上方で活躍しています。絵画、工芸など様々な分野で活躍した尾形光琳《こうりん》・乾山《けんざん》兄弟も京都の呉服屋出身でした。

それが十九世紀のはじめ、文化・文政になると、喜多川歌麿、葛飾北斎、歌川広重などが浮世絵を描けば、滝沢馬琴、山東京伝、十返舎一九などが多くの読者を夢中にさせる、江戸の都市文化が花開くのです。握り寿司や天ぷら、鰻の蒲焼など、いわゆる江戸前の食べ物が登場するのもこの時代です。一方、上方でも、文学では上田秋成、絵画では円山応挙や伊藤若冲などが活躍しました。東西に二つの中心が出来たわけです。

その意味で、家康が関東に政権を持ってきたことで、日本の経済力、文化力は倍になったともいえる。家康の「日本倍増計画」が実を結んだわけです。そう考えると、今の東京一極集中は、いわば京都中心だった室町政権の東京版ではないのかと思えてきます。

日本史の流れからみたとき、次に来るべきは東と西、日本の各地方がしのぎを削る、経済・文化の群雄割拠時代ではないか――。そんな希望的展望で、私の講義を結びたいと思います。

あとがき

## （1）たこつぼ的な文系の研究

考察の範囲が狭すぎて、社会との関係性が見えにくい研究者を「たこつぼ的」と揶揄することは、ぼくが若いときから確かにありました。日本の中世なんて、そんな「むかし」のことを勉強して、それが「いま」、何の役に立つの？　いいねえ、実務に携わらないで許される人はお気楽で――。けれども、生意気盛りのぼくの耳には、そうした声がきちんと入ってくることはなかったのです。その頃のぼくときたら、社会性を持たぬ仕事こそが貴いのだと勘違いしていた。「予が風雅は、夏炉冬扇のごとし。衆に逆ひて用ゐるところなし」。ぼくも芭蕉のように、「無用の者」になりたいと願っていました。

理系の研究ならば、このモーターを仕上げれば、洗濯機を回す時間が十分短縮できるぞとか、この新しい電池なら燃費がこれだけ良くなるぞとか、実生活にどれだけ貢献するかが一目瞭然です。ところが文系の学問、とくに文学や哲学や歴史学などは、日常生活にすぐに役に立つ、というものではありません。それだけに、自分が研究することの目的は自分で探索し、アピールしていかねばならない。

世界各国との競争が激化する今日、「たこつぼ」はますます忌み嫌われるようになりました。評価されるのは「学際研究」だとか「横断的研究」です。研究費もただ口を開けて待っているだけでは、入手できなくなった。まとまった研究資金を獲得しようとするならば、いろいろな大学の、いろいろな学問をしている研究者を組織しないことには、まず競争に勝ち残れません。机に向かって、ひとりこつこつと深い穴を掘る式の学究は、もはやいらないのです。ぼくのように、なるべく他人とつきあいたくないから学者を目指しました、は通用しません。

## （2）ダメな文系研究者の自己弁護

「無用の者」になりたい、なんていっていても、はい私はダメな歴史研究者です、と頭を下げてばかりいるのはやはりシャクなものです。でも今更、他人と共同研究をするのは、やはり気が進みません。「よこ」に広げていくのはダメ。ならば「たて」につなげるしかない。ぼくは「すべての歴史は現代史である」という言葉を実に安易に捉え直して、歴史学によって「むかし」を知ることを「いま」に結びつける、という作業を深めていこうと考えつきました。これならば、歴史学は「むかし」との比較を通じて「いま」の特質を明らかにしてくれます。ぼくたちが当たり前だと思って疑問を抱かずにいる「いま」の位相を改めて示すことにより、それを改善するためのヒントが自ずと生まれて来るはずです。

それでは「むかし」を「いま」に結びつけるためには、具体的にどうすれば良いか。ぼくはわりと最近まで、ぼくが専門としている中世、それも鎌倉時代中期の様相だけをポンと提示して、現代と比較することで事足りるであろう、と高を括《くく》っていました。それが良心的なやり方であると内心では誇ってすらいたのです。でも、そうした傾向こそは、高踏的と皮肉られる「たこつぼ」論理そのものなのかもしれません。ある日そうした行為の尊大さに気づき、ぼくはやっと反省しました。社会に発信するならば、もっと「分かりやすさ」に配慮すべきだ。

では、どうする？　鎌倉時代中期という、いわば歴史的な「点」を提供するだけでは、不十分だろう。もっと幅広く時代を見て、「時代の流れ」の把握に努めなければ、説得力は生まれない。歴史はどういうベクトルで動いているのか。その方向性や指向性を模索する。「点」ではなく「流れ」をつかむ。そのことにより、比較の作業はより分かりやすく、有意義なものになる。そう考え直してみたのです。

## (3) 日本史の「流れ」をつかむ＝「ツボ」を押さえる

ぼくの本職は『大日本史料』、そのうちの第五編という史料集を編纂すること。そのためには来る日も来る日も建長年間（一二四九―一二五六）の史料を読んでいる。だから、建長年間のことであれば、日本で一番詳しい自信は、偉そうですけれど、あります。だけど、それだけでは「流れ」をつかみ、「ツボ」を押さえることはできない。

もっと広く鎌倉時代中期を、鎌倉時代全般を、いやとても足りない、室町時代も戦国時代も。これで中世は全部カバーできる。でも、まだまだ。では中世に隣接する古代に近世を。さらには明治維新も。「近代」という時代ならば、歴史学だけでなく、法学も経済学も社会学も分析の対象にしているから、研究は分厚い。まあ、「前近代」をフォローすればいいかな。

そんな思いで、七つの項目を選び出し、それについて「流れ」を把握すべく本書を作成しました。でもまあ、いまだに学界には、守備範囲は狭ければ狭いほど良い、専門家はかくあるべきだ、という人が大勢いるから、こういう本は「いかがわしい」とか言われて、相手にされないんだろうな。先述したように反省してみても、所詮は「無用の者」か。もう慣れているから、いいのですが。しくしく。

最後になりましたが、本書は文藝春秋の前島篤志さんの協力なしには、誕生しなかったでしょう。この本は前島さんとの共同作業（ヘンな意味じゃないですよ）によってのみ、成立しました。思えばぼくという研究者に一番目に声をかけてくれた（多少は認めてくれたのかな）のが前島さんでした。もう本当に長いお付き合いになります。この場を借りて、厚く御礼申し上げます。いつも、今回も、本当にありがとうございました。これからも、どうぞ宜しく。

二〇一七年十二月十日

本郷和人

**本郷和人**（ほんごう　かずと）

1960年東京都生まれ。東京大学史料編纂所教授。東京大学・同大学院で石井進氏、五味文彦氏に師事し、日本中世史を学ぶ。著書に『新・中世王権論』（文春学藝ライブラリー）、『戦いの日本史』（角川選書）、共編著に『現代語訳　吾妻鏡』（吉川弘文館）など多数。

**文春新書**

1153

日本史《にほんし》のツボ

2018年（平成30年）1月20日　第1刷発行
2018年（平成30年）3月1日　第4刷発行

著者　本郷和人
発行者　鈴木洋嗣
発行所　株式会社　文藝春秋

〒102-8008　東京都千代田区紀尾井町3-23
電話（03）3265-1211（代表）

印刷所　理想社
付物印刷　大日本印刷
製本所　大口製本

定価はカバーに表示してあります。
万一、落丁・乱丁の場合は小社製作部宛お送り下さい。
送料小社負担でお取替え致します。



ISBN978-4-16-661153-9

文春新書のロングセラー

中野信子
## サイコパス
クールに犯罪を遂行し、しかも罪悪感はゼロ。そんな「あの人」の脳には隠された秘密があった。最新の脳科学が解き明かす禁断の事実
1094

岩波 明
## 発達障害
『逃げ恥』の津崎、『風立ちぬ』の堀越、そしてあの人はなぜ「他人の気持ちがわからない」のか？ 第一人者が症例と対策を講義する
1123

エドワード・ルトワック 奥山真司訳
## 戦争にチャンスを与えよ
「戦争は平和をもたらすためにある」「国連介入が戦争を長引かせる」といったリアルな戦略論で「トランプ」以後を読み解く
1120

近藤 誠
## 健康診断は受けてはいけない
職場で強制される健診。だが統計的に効果はなく、欧米には存在しない。むしろ過剰な医療介入を生み、寿命を縮めることを明かす
1117

佐藤愛子
## それでもこの世は悪くなかった
ロクでもない人生でも、私は幸福だった。「自分でもワケのわからない」佐藤愛子ができ、幸福とは何かを悟るまで。初の語りおろし
1116

文藝春秋刊